AF548447

Ernährung bei Morbus Crohn und Colitis Ulcerosa

Der Ratgeber mit 100 bekömmlichen & leckeren Rezepten für jede Tagesmahlzeit

Inklusive Ernährungsansätze, Suppenrezepte und Wochenplaner

1. Auflage

Vorwort

In diesem Buch sollen alle Betroffenen und Interessierte über die chronisch entzündliche Darmerkrankung Morbus Crohn (und ähnliche Formen) informiert werden.

Statistisch sind 150 Personen von 100.000 Menschen in Deutschland an Morbus Crohn erkrankt. Leider sind diese Personen in den jüngeren Bevölkerungsschichten zu finden. Wenn auch Sie zu den Betroffenen, Familie oder Partner von Betroffenen gehören, oder einfach an dem Krankheitsbild interessiert sind, dann geben wir Ihnen hier einen kompletten Abriss über die Erkrankung an sich, aber auch wie sie entsteht, wieso sie entsteht, wie der Verlauf sein kann und wie sie diagnostiziert wird.

Kann man die Krankheit verhindern oder den Verlauf selbst beeinflussen. Ist sie familiär bedingt? Spielen die Gene eine Rolle? Betroffene, Familie und Interessierte haben viele Fragen bei diesem Krankheitsbild. Ist Morbus Crohn heilbar? Gibt es Medikamente? Wie kommt man um eine Operation herum? Wie ernähre ich mich während den Schüben? Und in der schubfreien Zeit?

Da die Ernährung bei Morbus Crohn eine kleine Herausforderung darstellt, geben wir hier auch ein Kochbuch für Morbus Crohn Erkrankte heraus, so dass Sie sicherstellen können, genug Auswahl und auch Anregung für die Ernährung an der Hand zu haben. Denn Morbus Crohn muss nicht Verzicht und Mangelernährung bedeuten.

Auch bei einer Morbus Crohn Erkrankung können Sie sich genussvoll und gesund ernähren, ohne dabei dem Organismus Stress zu bereiten.

Inhaltsverzeichnis

Was ist Morbus Crohn?

Morbus Crohn ist eine entzündliche Darmerkrankung, welche von der Mundhöhle bis zum After auftreten kann. In 90% der Fälle ist aber der letzte Teil des Dünndarmes (terminale ileum) entzündet.

Die Ursachen sind bis heute ungeklärt. Ärzte und Spezialisten spekulieren in die verschiedensten Richtungen. So könne es eine Autoimmunerkrankung sein oder es könne mit dem Lebensstil in den westlichen Ländern zusammenhängen.

Tatsache ist, dass mindestens 3,5 Millionen Menschen weltweit an Morbus Crohn und Colitis Ulcerosa erkrankt sind. Beim Morbus Crohn ist die Darmschleimhaut auf kürzeren oder längeren Abschnitten entzündet. Zwischen den entzündeten Teilen gibt es gesunde Abschnitte.

Die Krankheit betrifft beide Geschlechter gleichermaßen und tritt meistens zwischen dem 15. und dem 35. und dann wieder ab dem 60. Lebensjahr auf. Ärzte und Spezialisten haben eine Häufigkeit in der Familie festgestellt und Deutschland führt die Liste der Erkrankten unangefochten an.

Die Krankheit tritt in Schüben auf, welche unterschiedlich oft auftreten können. Dies ist wiederum von der medikamentösen Einstellung des Patienten abhängig aber auch, wie er sich der Krankheit psychisch stellt, welchem Stress er tagtäglich ausgesetzt ist und natürlich von seinen Essgewohnheiten.

Was verursacht Morbus Crohn?

Wie bereits erwähnt gibt es hier in der Ärztewelt nur Vermutungen und Annahmen. So werden neben dem bereits erwähnten Lebensstil: Fast food, Stress und Hektik, Drogen, Medikamente aber auch familiäre Zusammenhänge genannt.

Das Immunsystem und Infektionen werden ebenso in Betracht gezogen. Ist das Immunsystem über einen längeren Zeitraum schwach, kann dies den Ausbruch des Morbus Crohns begünstigen. Dies trifft auch auf Infektionen des Magen- Darmtraktes zu. Was die Ärzte und Forscher wissen ist, dass ca. 50% der Erkrankten ein verändertes Gen im NOD2 im Erbgut aufweisen. Dies stellt die familiäre Komponente dar und kann leider bis dato nicht beeinflusst werden.

Das Rauchen solle auch die Häufigkeit der Erkrankung positiv beeinflussen. Der Darm muss ja auf der einen Seite Nährstoffe aufnehmen und verdauen. Dann weitertransportieren und die Nährstoffe an den Körper abgeben.

Bei manchem Menschen ist aber die sogenannte Barrierefunktion gestört. Das heißt, dass der Darm natürlich auch mit Bakterien zu kämpfen hat und bei deren Abwehr das Immunsystem in Übereifer geraten kann. Dies sei eine mögliche Ursache für Morbus Crohn.

Beschwerden und Symptome

Morbus Crohn kann sich durch sehr viele unterschiedliche Symptome und Beschwerden auszeichnen. Auch verläuft die Krankheit bei jedem Patienten unterschiedlich. Die Beschwerden können schleichend kommen und fast schon über Jahre einen eher leichten Verlauf haben. Die Patienten fühlen sich müde und ausgelaugt. Ihnen fehlt es an Antrieb und sie sind dauernd erschöpft. Auch Fieber kann auftreten.

Dies kann über Jahre so bleiben, bis sich die Krankheit verschlimmert oder ein Schub kommt. Dann haben die Patienten sehr starke Magenschmerzen und Bauchschmerzen. Diese Schmerzen können so stark werden, dass die Ärzte von Koliken sprechen.

Ein weiteres Symptom sind die häufig auftretenden Durchfälle. Sie können 3 bis 6 mal am Tag auftreten und schmerzhaft sein. Da Bauchschmerzen gepaart mit Durchfällen sehr schmerzhaft sind, sind viele Patienten schnell ausgelaugt und um Schmerzen zu vermeiden, wird die Nahrungsaufnahme eingeschränkt oder sogar ganz aufgegeben.

Durch die dauernden Durchfälle und die dadurch verringerte Nährstoffaufnahme verlieren Morbus Crohn Patienten sehr schnell sehr stark an Gewicht. Doch auch kann man Morbus Crohn an einer Hautveränderung erkennen, verursacht durch Mangelerscheinungen wegen des Durchfalls. Hierzu zählen Zink und Kaliummangel. Letzterer kann sogar zur Osteoporose führen.

Da Morbus Crohn eine entzündliche Erkrankung ist, entstehen bei vielen Betroffenen Fisteln und Abszesse im Darm, aber auch im Bauch und selbst in anderen Organen, was wiederum unspezifische Beschwerden verursacht und oftmals schwer dem Morbus Crohn zugeordnet werden können.

Der entzündliche Prozess in den befallenen Darmbereichen heilt aber auch irgendwann mal wieder ab - leider fast immer mit einer einhergehenden Narbenbildung. Diese Narbenbildung kann im schlimmsten Fall zu einem Darmverschluss führen, welcher schnellstmöglich operiert werden muss.

Wie stellt man Morbus Crohn fest?

Morbus Crohn Patienten denken am Anfang der Erkrankung oftmals an eine Magen - und Darmgrippe. Diese ist normaler Weise nach 1 Woche kuriert. Der Morbus Crohn kann aber bis zu 6 Monate anhalten.

Die Schmerzen kommen krampfartig und sind oft im rechten Oberbauch angesiedelt. Der Durchfall kann bis zu 6 mal täglich auftreten und sehr unangenehm riechen. Er ist von schleimiger Konsistenz.

Betroffene berichten auch, dass sie oftmals einen Zusammenhang mit den Speisen, welche sie vorher eingenommen haben, in Verbindung bringen.

Diagnose

Sicherlich ist eine ausführliche Anamnese beim Hausarzt der erste Schritt in die richtige Richtung um einen Morbus Crohn feststellen zu können.

Nun folgen Blut und Stuhltests. Hierbei geht es um die Feststellung ob beim Patient das CRP, also das C-reaktive Protein erhöht ist. Ist dies der Fall, ist auf jeden Fall ein entzündlicher Prozess im Körper im Gange. Dies ist bei Morbus Crohn der Fall.

Die Blutsenkung ist ebenfalls erhöht, sowie gleichzeitig auch die weißen Blutkörperchen. Wichtig beim Bluttest ist die Auflösung der Anzahl der Nährstoffe. Wenn hier ein Mangel an Vitamin B9, D und Vitamin B12 herrscht, ist der Weg zum Morbus Crohn geebnet.

Doch Betroffene werden den Schritt zum Internisten, am besten ein Gastroenterologe, auch gehen müssen. Hier können Blut - und Stuhltests erste Anhaltspunkte geben, ob es Veränderungen in der Darmschleimhaut gib.

Beim Gastroenterologen kann dann auch eine Darmspiegelung gemacht werden. Hierbei wird dann über den After ein Schlauch mit Kamera in den Darm eingeführt und der Arzt kann über den Bildschirm den kompletten Darm betrachten. Stellt der behandelnde Arzt nun Veränderungen im Darm fest, kann er Gewebeproben entnehmen. Diese Gewebeproben werden danach im Labor ausgewertet. Wichtig ist hierbei auch die Erwähnung, dass man durch die Labortests feststellen kann, ob es sich um Morbus Crohn oder Colitis Ulcerosa handelt.

Sollte es immer noch unklar sein, um welche der beiden Krankheiten es sich handelt, kann der Ultraschall und seine Auswertung Sicherheit in die Diagnose bringen. Beim Ultraschall stellt der Arzt fest, ob die Darmwände verdickt sind. Ist dies der Fall ist dies ein in den meisten Fällen ein klassischer Morbus Crohn.

Wie schaut die Prognose bei Morbus Crohn aus?

Zuerst die schlechte Nachricht. Morbus Crohn ist bis dato nicht heilbar. Doch, nun zur guten. Man kann mit Morbus Crohn leben und auch das Leben geniessen.

Heutzutage stehen medikamentöse Alternativen zur Verfügung. Diese reichen von sogenannten Immunsuppressiva bis zu einer Anti-HF-alpha Antikörpertherapie. Die Antikörpertherapie muss in regelmäßigen Abständen wiederholt werden, verspricht aber einen guten Erfolg und längere Phasen der Beschwerdefreiheit.

Die Lebenserwartung ist heutzutage nahezu normal, wenn der Patient ein paar wichtige Dinge beachtet und nicht in eine Verweigerungshaltung tritt. Sehr wichtig ist es, dass der Patient sich im Klaren ist, dass er mit seinem Gastroenterologe eng zusammenarbeiten muss. Das heisst in regelmäßigen Abständen Blut- und Stuhltests, damit man den erneut nahenden Schub sehr frühzeitig erkennen kann und somit gleich entgegensteuern kann.

Da durch die Durchfälle sehr schnell eine Mangelernährung entstehen kann, muss der Morbus Crohn Kranke eine sehr nährstoffreiche Ernährung anstreben. Leider ist oft genau das Gegenteil der Fall.

Um Schmerzen und Durchfälle zu vermeiden, verweigern Betroffene sehr oft die Nahrungsaufnahme. Oftmals leiden Morbus Crohn Kranke an Unterernährung, Mangelernährung und Untergewicht.

Man muss der Vollständigkeit halber auch klar sagen, dass die meisten Morbus Crohn Kranke irgendwann im Verlauf der Krankheit sich einer Operation des Darmes unterziehen müssen. Es kann zu einer Darmperforation kommen, welche schnellstmöglich operiert werden muss.

Allerdings können auch schon das Wachstum von Stenosen, Fisteln und Abszessen eine Operation notwendig machen. Häufig ist durch die Narbenbildung im Darm eine Operation notwendig, da ein Darmverschluss drohen kann.

Die Operationen sind heutzutage so ausgelegt, dass sie darmerhaltend sind. Leider kann auch durch das Entfernen von Darmstücken keine Heilung erzielt werden.

Wie soll sich ein Morbus Crohn Kranker ernähren?

Da Morbus Crohn sich in Schüben äußert, fragen sich Betroffene oft am Anfang, wie esse ich in der beschwerdefreien Zeit und wie während den Schüben?

Viele Morbus Crohn Erkrankte leiden an Unterernährung und auch an Mangelernährung. Dem kann man mit einer ausgewogenen und gesunden Kost entgegenwirken.

Oftmals ist es nötig, den Kalorienbedarf deutlich zu erhöhen, bei gleichzeitiger Gabe erhöhter Mikronährstoffen, da der angegriffene Darm nicht alle Nährstoffe wie bei einem gesunden Menschen aufnehmen kann. Somit können Mangel entstehen.

Die Häufigsten Mangel bestehen bei Vitamin 9 und 12, Eisen, Calcium, Magnesium, Zink und Vitamin D. Sehr viele Betroffene leiden an einer Dysbiose.

In unserem Darm gibt es Milliarden von Mikroorganismen. Diese sind mehr oder weniger im Gleichgewicht. Bei Morbus Crohn Kranken sind sie allerdings stark aus dem Gleichgewicht.

Es ist also sehr wichtig, dass die Ernährung sehr ausgewogen und ballaststoffreich ist. Im Idealfall eine Ernährung, welche die Darmflora positiv aufbaut und in die Balance bringt.

Welche Lebensmittel sind nun bevorzugt von Erkrankten zu verzehren und von welchen sollten sie sich eher fern halten?

Nun, da die Nährstoffe sehr wichtig sind, sollte frisches Obst und Gemüse auf dem Speisezettel stehen. Ebenso ausreichend sollten Vollkornprodukte, Nüsse und Samen gegessen werden.

Ca. 30 % der Erkrankten leiden an einer Laktoseintoleranz. Ist dies nicht der Fall, kann man Milch und Milcherzeugnisse verzehren. Gute Öle wie kaltgepresstes Olivenöl, Kokosöl und Rapsöle sind sehr gut einzusetzen. Geflügelfleisch und Fisch sind leichte Speisen die normalerweise vom Darm gut toleriert werden.

Vermeiden sollte man als Betroffener jegliches rotes Fleisch, ob vom Rind, Lamm oder Schwein. Künstliche Süßstoffe sind komplett zu vermeiden, aber auch der Verzehr von stark zuckerhaltigen Speisen sowie industriell hergestellte Fertigprodukte und Fast Food müssen vermieden werden.

Generell muss man sagen, dass viele Ärzte und Ernährungsspezialisten versucht haben, verschiedenste Ansätze für eine auf Morbus Crohn ausgerichtete Diät zu machen, aber keine dieser Ernährungsweisen ist wissenschaftlich bestätigt.

In der Tat kann und muss man sagen, dass jeder Betroffene eine andere Ernährung toleriert und dass man sagen muss, dass jeder leider seinen eigenen Ernährungsstil finden muss und dies geht meistens nur durch probieren.

Was toleriert der Darm und was lehnt er ab. Man sollte sich hier langsam und vorsichtig herantasten um keinen neuen Schub zu verursachen. Trotzdem wollen wir hier einige der Ernährungsansätze aufzeigen, sodass Sie sich in der einen oder anderen wiederfinden können.

Ernährungsansätze

FODMAP-DIÄT:

Bei dieser Ernährung werden viele Dinge vermieden um bestimmten Bakterien in der Darmflora die Lebensmöglichkeit zu nehmen. Vermieden werden fermentierbare Oligo-, Di- und Monosaccharide sowie Polyole.

Die SCD Diät:

Bei dieser Ernährungsform werden bestimmte Kohlenhydrate nicht gegessen, da sie von Bakterien der Darmflora fermentiert werden können.

Die halbvegetarische Diät:

Halbvegetarisch, weil man jede Woche einmal Fisch essen darf und alle zwei Wochen einmal ein Stück Fleisch. Eier und Milcherzeugnisse sind erlaubt.

Doch nun wollen wir Ihnen durch eine ausgewogene Rezeptesammlung Anregungen zu einer ausgewogenen Ernährung geben, welche sowohl geschmackvoll als auch gehaltvoll sind und Ihren Darm nicht belasten.

Der Wochenplaner

Mit diesem Wochen- und Einkaufsplaner können Sie Ihre Mahlzeiten vorplanen und haben eine genauere Übersicht, wann Sie wann was essen möchten.

Hier geht es zu Ihrem Wochenplaner:

https://cutt.ly/noEb2X (in Groß) – Auf nächster Seite in klein.

Klicken oder kopieren Sie einfach den Link und Sie können den Plan downloaden.

MEIN WOCHENPLANER

WOCHE:

	FRÜHSTÜCK	MITTAGESSEN	ABENDESSEN	SNACKS
MO				
DI				
MI				
DO				
FR				
SA				
SO				

EINKAUFSLISTE

Suppenliebe

gesund und leicht bekömmlich

Kurkumasuppe

Zubereitungszeit: 30 Minuten

Schwierigkeitsgrad: leicht

Zutaten:
1/2 Knollensellerie, 6 Möhren, 2 Zwiebeln, Kokosfett oder Butterschmalz, 2 TL Kurkuma, Salz, Petersilie

Zubereitung:
1. Schälen Sie die Zwiebeln und würfeln Sie sie fein. Schälen Sie auch den Knollensellerie und die Möhren und schneiden dies in kleine Stücke.

2. Erhitzen Sie in einer Pfanne das Kokosfett und geben Sie die Zwiebeln, Karotten und Sellerie hinein und lassen Sie es anschwitzen. Nach ein paar Minuten mit Wasser ablöschen. Für ca. 20 Minuten köcheln lassen. Anschließend alles pürieren und mit Kurkuma, Salz und Pfeffer würzen und mit Petersilie garnieren.

Linsensuppe

Zubereitungszeit: 30 Minuten

Schwierigkeitsgrad: Einfach

Zutaten:
175 g rote Linsen, 2 Dosen Tomaten, 1 Zwiebel, 2 Knoblauchzehen, 1 EL Butter, 300 ml Kokosmilch, 600 ml Gemüsebrühe, Saft einer Zitrone, 1 TL Chilipulver, 1 TL Curry, 1 TL Kreuzkümmel gemahlen, 1 Bund Koriander

Zubereitung:
1. Schälen und hacken Sie die Zwiebel und den Knoblauch. Dann erhitzen Sie in einem Topf die Butter und geben die Zwiebel und den Knoblauch hinzu und schwitzen alles glasig an. Die Gewürze kommen nun hinzu.

2. Die Tomaten, Linsen , Zitronensaft, Brühe und Kokosmilch folgen nun in den Topf. Alles gut aufkochen lassen und dann bei niedriger Hitze für 20 bis 30 Minuten köcheln lassen.

3. Den Koriander hacken und vor dem Servieren dazu geben

Karottensuppe asiastyle

Zubereitungszeit: 30 Minuten

Schwierigkeitsgrad: leicht

Zutaten:
6 Karotten, 1 Zwiebel, 2 EL Butterschmalz, 1 l Gemüsebrühe,
1 Knoblauch, 2 TL Ingwerpulver, 1/2 Bund glatte Petersilie

Zubereitung:
1. Schälen und schneiden Sie die Karotten, Zwiebeln und Knoblauch.

2. Den Butterschmalz in einem Topf erhitzen und Zwiebeln und Knoblauch glasig anbraten. Die Karotten hinzugeben und den Ingwer. Alles für einige Minuten andünsten. Mit dem Liter Gemüsebrühe ablöschen und aufkochen lassen. Bei milder Hitze ca. 1 Stunde köcheln lassen.

3. Die Petersilie fein hacken und die Karotten pürieren. Mit Petersilie bestreuen.

Sauerkrautsuppe

Zubereitungszeit: 40 Minuten

Schwierigkeitsgrad: leicht

Zutaten:
200 g Sauerkraut, 200 g Kartoffeln, 2 El Olivenöl, 1 El zuckerfreies Tomatenmark, Gemüsebrühe, Knoblauchzehe, 1 Zwiebel,
1 Paprikaschote rot, Mandelmilch

Zubereitung:
1. Schälen Sie die Kartoffeln, Zwiebel, Paprikaschote sowie die Knoblauchzehe. Würfeln Sie alles relativ fein.

2. In einem Topf erhitzen Sie das Öl und gegen das komplette Gemüse hinein und schwitzen es gut an. Bei mittlerer Temperatur lassen Sie alles für 15 Minuten leicht köcheln. Anschließend geben Sie das Tomatenmark hinzu und verrühren dies.

3. Das Sauerkraut abgetropft in ins Gemüse geben und mit Brühe aufgießen. Dann mit Salz und Pfeffer und eventuell Paprikapulver abschmecken.

4. Die Suppe köcheln lassen bis das Sauerkraut weich ist. Wenn Sie es sämiger mögen mit Mandelmilch und Mus verfeinern

Spinat-Kokos-Suppe

Zubereitungszeit: 30 Minuten

Schwierigkeitsgrad: Einfach

Zutaten:
300 g Babyspinat, 50 g Kartoffeln, 100 ml Kokosmilch, Gemüsebrühe, 2 TL Zitronensaft, 2 El Kokosöl, Currypulver, Salz, Pfeffer, Chilifäden,

Zubereitung:
1. Waschen Sie den Spinat gut und lassen ihn etwas abtropfen. In einem Topf Wasser erhitzen und den Spinat Minute blanchieren.

2. Waschen und schälen Sie die Kartoffeln und schneiden Sie sie einkleine Stücke. Kochen Sie sie in einem weiteren Topf.

3. In einem Topf nun das Kokosöl erhitzen und die Kartoffeln hineingeben und kurz anbraten. Dann den Spinat hinzufügen. Und relativ schnell mit der Gemüsebrühe ablöschen und aufkochen lassen.

4. Die Suppe in einem Blender mixen und wieder in den Topf geben. Nun den Topf mit Kokosmilch auffüllen. Die Suppe darf jetzt nicht mehr kochen! Mit würzen und Zitronensaft abschmecken. Gerne Chilifäden hineingeben.

Kürbiscremesuppe

Zubereitungszeit: 30 Minuten

Schwierigkeitsgrad: leicht

Zutaten:
250 g Kürbis, gerne Hokkaido, 1 Zwiebel, 1 El Mandelmus, 2 EL Olivenöl, 2 EL Gemüsebrühe, Koriander, Thymian, Salz und Pfeffer, Muskat

Zubereitung:
1. Schälen Sie die Zwiebel und hacken Sie sie fein. Lösen Sie das Fruchtfleisch aus dem Kürbis und entfernen Sie die Kerne. Schneiden Sie es in Würfel.

2. Erhitzen Sie in einer Pfanne das Olivenöl und geben Sie die Zwiebel hinein. Die Zwiebel glasig anschwitzen. Nun das Kürbisfleisch zur Zwiebel geben und kurz mitanbraten. Mit der Gemüsebrühe ablöschen.

3. Den Koriander, Thymian sowie salz und Pfeffer hinzugeben und würzen. Das Mandelmus unterheben und die Suppe pürieren. Geren mit frischen Gartenkräutern anrichten.

Hühnersuppe

Zubereitungszeit: 1 Stunde

Schwierigkeitsgrad: Mittel

Zutaten:
1 frisches Huhn, 3 Liter Gemüsebrühe, 1 Tomate, 1 Zwiebel, 1 Bund Suppengrün, etwas Reis oder Bulgur, Salz, Pfeffer und Gartenkräuter

Zubereitung:
1. Waschen Sie alles Gemüse und putzen Sie es. Anschließend klein schneiden. Geben Sie das Gemüse in einen großen Topf und waschen Sie das Huhn sorgfältig, sodass auch eventuelle Federn und Kiele entfernt sind.

2. Das Huhn nun zu dem Gemüse in den Topf geben und mit Wasser komplett bedecken. Bulgur oder Reis hinzugeben. Salzen und pfeffern. Das Huhn kocht nun für 45 Minuten auf mittlerer Stufe mit leicht geschlossenem Deckel.

3. Wenn das Huhn gar ist, die Suppe vom Herd nehmen und abkühlen lassen. Das Huhn von den Knochen lösen und in Stücke schneiden.

Vegetarische Minestrone

Zubereitungszeit: 40 Minuten

Schwierigkeitsgrad: Einfach

Zutaten:

750 g Suppengemüse: Knollensellerie, Karotten, 1 Lauch

Petersilienwurzel, 1 Zucchini, 2 Zwiebeln, 2 Knoblauchzehen,

150 g Tomatenmark, 2 Kartoffeln, 100 g Suppennudeln, 4 El Olivenöl,

50 ml Weißwein, Parmesan, Salz, Pfeffer, Basilikum, Oregano,

Thymian, eventuell Chili

Zubereitung:

1. Schälen und hacken Sie die Zwiebelnd den Knoblauch. Das Gemüse waschen und putzen. Die Karotten und Zucchini in Scheiben schneiden. Den Lauch in Streifen. Den Knollensellerie in Würfel schneiden.

2. Die Kartoffeln schälen, waschen und würfeln. In einem großen Topf das Öl erhitzen und die Zwiebeln mit dem Knoblauch anschwitzen. Nacheinander das Suppengemüse dazugeben und etwas anschwitzen.

3. Mit Weißwein ablöschen und weiter köcheln lassen. Nach ein paar Minuten mit dem Gemüsefond aufgießen und die Kartoffelwürfel hineingeben. Das Tomatenmark mit dem Schneebesen einrühren und Thymian und Oregano folgen lassen.

4. Die Temperatur reduzieren und für ca. 1 Stunde leicht köcheln lassen. Die Suppennudeln hinzugeben und umrühren, damit sie nicht anhängen. Mit Salz, Pfeffer und eventuell etwas Chili abschmecken und am Ende mit Basilikum und Gartenkräutern verfeinert.

Chinesisch - süß - sauer

Zubereitungszeit: 70 Minuten

Schwierigkeitsgrad: leicht

Zutaten:

3 EL Erdnussöl, 1/2 Tasse Sojabohnen, 1/2 Tasse Maiskölbchen, 1/2 Tasse Sojasprossen, 1/2 Tasse Bambussprossen, 150 g Chinakohl, 2 Eier, 1 Zwiebel, 1 Stück Ingwer, 2 Knoblauchzehen, 1 Liter Wasser, 2 El Sojasauce, 1 EL Tomatenmark, 1 El Speisestärke, 3 EL Reisessig, 2 EL Zucker, 1 El Sesamöl, 1 TL Sambal Ole, Salz und Pfeffer

Zubereitung:

1. Schälen Sie die Zwiebel, Ingwer und den Knoblauch und hacken Sie alles. Das Erdnussöl in einem großen Topf erhitzen und Zwiebel, Ingwer und Knoblauch stark darin anbraten. Mit der Sojasauce ablöschen und dann mit dem Wasser aufgießen. Gut aufkochen lassen und das Tomatenmark mit einem Schneebesen einrühren.

2. In die kochende Suppe kommen nun Bambussprossen, Sojasprossen und -sprossen und die Maiskölbchen. Weiterkochen lassen.

3. Das Stärkepulver in einer Tasse mit Wasser anrühren und dann mit dem Schneebesen in die Suppe rühren. Mit Zucker, Salz, Pfeffer und Reiswein abschmecken.

4. Die Eier in eine Schüssel schlagen und gut verquirlen. Dann langsam in die Suppe schütten - am Besten in einer kreisenden Bewegung. Das Ei muss in der Suppe stocken. Dann vom Herd nehmen und die Gemüsebrühe einrühren.

5. Den Chinakohl in Streifen schneiden und hinzufügen. Mit Sesamöl und Sambal Olek würzen. Der Chinakohl zieht in der heißen Suppe gar ohne nochmals aufgekocht zu werden.

Meeresfrüchtesuppe

Zubereitungszeit: 45 Minuten

Schwierigkeitsgrad: leicht

Zutaten:

Frische Meeresfrüchte oder auch nur Garnelen, je nach Belieben, 1 kleine Stange Sellerie, 1/2 rote Paprika, 1/2 Stange Lauch, 2 El Kokosöl, 400 ml Wasser, 2 TL Curry Paste oder Pulver, Limite, 100 ml Kokosmilch, 50 ml Sahne, salz, Pfeffer, Chili

Zubereitung:

1. Waschen und putzen Sie den Stangensellerie, Lauch und Paprika. Schneiden Sie alles in kleine Würfel. Erhitzen Sie in einem Topf etwas Kokosöl und geben Sie dann das gewürfelte Gemüse hinein.

2. Gut anschwitzen, aber nicht braun werden lassen. Nach ca. 5 Minuten das Gemüse mit Wasser ablöschen. Mit Salz und Currypulver abschmecken. Lassen Sie es für ein paar Minuten aufkochen.

3. Reiben Sie in der Zwischenzeit von der Limette die Schale. Anschließend die Limette auspressen. Alles nacheinander zu der Suppe geben: Den Limettenabrieb und den Saft, die Kokosmilch und die Sahne. Die Suppe nicht mehr heiß aufkochen lassen. Abschmecken. Die Meeresfrüchte oder nur Garnelen, sollten nun aufgetaut sein.

4. Lege nun die Meeresfrüchte in die heisse Suppe und lass sie gar ziehen. Das sollte in ca. 5 bis 6 Minuten der Fall sein.

Basisches Kohlrabisüppchen

Zubereitungszeit: 30 Minuten

Schwierigkeitsgrad: leicht

Zutaten:
3 mittelgroße Kohlrabi, Frühlingszwiebeln oder Schalotten, 2 El Sonnenblumenöl, Wasser, 1 TL Gemüsebrühe, Salz und Pfeffer

Zubereitung:
1. Waschen und schälen Sie die Kohlrabi, anschließend in größere Stücke schneiden, so wie man es mag. Die Frühlingszwiebel oder Schalotte schälen und fein hacken.

2. In einem Topf das Sonnenblumenöl erhitzen und die Zwiebel hineingeben. Ca. für 1 Minute anschwitzen, anschließend den Kohlrabi hinzugeben. Nun beides für weitere 5 Minuten anschwitzen.

3. Dann mit Wasser ablöschen und den TL Gemüsebrühe hinzugeben. Nach Belieben mit Wasser auffüllen und mit Deckel bei reduzierter Temperatur für 20 Minuten weiter köcheln lassen.

Wer mag, kann die Suppe im Mixer pürieren.

Basische Brennesselsuppe

Zubereitungszeit: 20 Minuten

Schwierigkeitsgrad: Einfach

Zutaten:
300 g Brennnesseln, Zwiebeln, etwas Karotte, 3 El Olivenöl, 250 ml Wasser, Salz und Pfeffer,

Zubereitung:
1. Die Brennnesseln im Spülstein in ein kaltes Wasserbad legen. Es empfiehlt sich dies mit Haushaltshandschuhen zu tun, da, wie man weiss, die Brennnessel die Eigenschaft hat zu brennen. Heisst, die kleines Kapseln an den Blättern der Brennnessel brechen auf, wenn man sie berührt, um die Pflanze zu schützen.

2. Brennnesseln gut waschen und anschließend auf Küchenpapier das Wasser entfernen. Die Brennnesseln auf einem Schneidebrett etwas zerschneiden, es empfiehlt sich nur junge zarte Pflanzen zu nehmen und/ oder die zähen Stengel nicht mit zu.

3. Die Karotte und Zwiebel schälen und putzen und hacken. In Olivenöl das Gemüse leicht anbraten.

4. Mit Wasser auffüllen und die Brennnesseln dazugeben. Mit leicht geschlossenem Deckel für 10 Minuten köcheln lassen.

Kalte Melonen -Tomaten Suppe

Zubereitungszeit: 20 Minuten

Schwierigkeitsgrad: Einfach

Zutaten:

¼ Wassermelone, 2 Fleischtomaten, 3 Zweige frischen Thymian, 200 ml Gemüsebrühe, Salz, Pfeffer

Zubereitung:

1. Die Wassermelone aus der Schale lösen, die Kerne so gut wie möglich entfernen und die Melone in Stücke schneiden. Dann in einen Mixer geben.

2. Die Tomaten kurz mit heißem Wasser überbrühen und dann die Haut abziehen. Anschließend den Strunk herausschneiden und die Tomaten in Stücke schneiden. Zu der Melone geben.

3. Die Zutaten solange pürieren bis eine cremige Suppe entsteht. Das Ganze nun durch ein Sieb passieren und wieder in den Mixer geben.

4. Den Thymian waschen und in den Mixer geben. Bei Bedarf mit der Gemüse- brühe auffüllen. Nun alles nochmal kurz aufmixen. Am besten nun das Glas des Mixers mit der Suppe für ein paar Stunden in den Kühlschrank stellen.

Kichererbsen-Suppe mit Kurkuma

Zubereitungszeit: 20 Minuten

Schwierigkeitsgrad: Einfach

Zutaten:

1 Zwiebel, 1 Süßkartoffel, 1 1/2 l Wasser, 1 Glas Kichererbsen, 1 frische Kurkumawurzel, kleines Stück Ingwer, 1 Knoblauchzehe, 400 ml Kokosmilch

Zubereitung:

1. Zwiebel und Süßkartoffel schälen und würfeln. Die Süßkartoffel weich kochen, dann in Stücke schneiden und in einen Standmixer geben. Der Süßkartoffel folgen Kurkuma, Ingwer, Kichererbsen, Kokosmilch und die Knoblauchzehe.

2. Alles solange mixen bis es cremig ist. Anschließend wieder in den Topf geben und erwärmen. Wer es etwas flüssiger mag kann es mit etwas Wasser aufgießen.

Frühstücksrezepte

Overnights Oats

Zubereitungszeit: 10-15 Minuten

Schwierigkeitsgrad: Einfach

Zutaten:
Für die goldene Milch: 1 EL Honig, 1 TL Kurkuma, 1/4 TL gemahlener Ingwer, 1/4 TL gemahlener Kardamom, 1/4 TL gemahlener Zimt, 30 ml Wasser, 475 ml Mandelmilch, Pfeffer

Für die Oats: 100 g Haferflocken, 2 ELChiasamen, 2 EL Hanfsamen, 2 handvoll Blaubeeren

Zubereitung:
1. Vermischen Sie für die goldene Milch den Honig, Kurkuma, Ingwer, Kardamom, Zimt und Mandelmilch vermischen.

2. Dann den Honig mit heißem Wasser hingeben. Alles miteinander verrühren und eventuell mehr Honig hinzugeben. Danach die Haferflocken, Chiasamen und Hanfsamen in einem Glas miteinander vermengen.

3. Die goldene Milch darüber gießen und verrühren. Das Glas verschließen und in den Kühlschrank stellen. Mit Blaubeeren garnieren.

Kurkuma - Ingwer Muffins

Zubereitungszeit: 15 Minuten

Schwierigkeitsgrad: Einfach

Zutaten:

85 g Haferflocken, 90 g Buchweizenmehl, 2 TL Kartoffelstärke, 2 TL Backpulver, 1 TL Kurkuma, 1 TL Tee, 1 TL Ingwer, 1/2 Salz, 75 g Kokosblütenzucker, 160 ml Buttermilch, 80 ml Kokosöl, 2 Bananen, 3 Eier, Pfeffer,

Zum Garnieren: Kürbiskerne, Sonnenblumenkerne, Pistazien, Mandeln, Nüsse, Beeren

Zubereitung:

1. Geben Sie die Walnüsse und Haferflocken in einen Universalzerkleinerer und lassen Sie alles fein hacken. Anschließend das Mehl, Backpulver, alle Gewürze und den Zucker in eine Schüssel geben und gut vermengen.

2. Nun den Teig mit den klein geschnittenen Bananen und dem Kokoöl ergänzen und die Buttermilch in die Schüssel gießen. Verrühren Sie alles gut. Die aufgeschlagenen Eier separat verrühren und mit in die Schüssel geben und vermengen.

3. Ein Backblech mit Muffinförmchen auslegen und den Teig einfüllen. Zum Schluss mit Kernen, Beeren und Nüssen dekorieren.

4. Die Muffins backt man bei 190 C für 18 - 20 Minuten im Umluftherd

Ananas-Kurkuma Smoothie

Zubereitungszeit: 10 Minuten

Schwierigkeitsgrad: Einfach

Zutaten:
500 g Orangen, 2 kleine Ananas, 20 g Ingwer, 10 g Kurkumapulver, 1 Chicorée, 300 ml Mineralwasser, Ahornsirup

Zubereitung:
1. Die Orangen auspressen. Schälen Sie die Ananas und entfernen den Strunk. Danach entsaften Sie die Ananas.

2. Schälen Sie den Ingwer und den Kurkuma und schneiden beides sehr fein. Den Chicorée waschen und schneiden. Alle Zutaten in einen Standmixer geben und gut durchmixen. Mit Ahornsirup süßen.

Erdbeer-Quinoa Müsli

Zubereitungszeit: 20 Minuten

Schwierigkeitsgrad: leicht

Zutaten:
350 g Erdbeeren, 250 g griechischer Joghurt, 4 TL Chia, 12 EL Dinkelflocken, 12 EL gepuffter Quinoa, 400 ml Mandelmilch, 2 Vanilleschoten

Zubereitung:
1. Waschen und putzen Sie die Erdbeeren. Kratzen Sie das Mark der Vanilleschoten aus.

2. Pürieren Sie die Erdbeeren in einem Standmixer und geben es anschließend in eine Schüssel. Geben Sie die Chiasamen hinzu und verrühren alles miteinander und lassen es einige Zeit quellen.

3. Verrühren Sie nun das Vanillemark mit der Mandelmilch.

4. In mehrere Schraubgläser zuerst die Dinkelflocken, dann den Quinoa gefolgt von dem Joghurt schichten. In jedes Glas die selbe Menge Mandelmilch schütten. Umrühren. Das Erdbeerpüree dazugeben und die Gläser verschliessen und im Kühlschrank kühlen.

Mango-Kurkuma Smoothie

Zubereitungszeit: 10 Minuten

Schwierigkeitsgrad: leicht

Zutaten:
250 ml Kokosmilch, 1 reife Mango, 1 EL Kokosöl, 15 g Ingwer, 1 TL Kurkuma

Zubereitung:
1. Schälen Sie die Mango und entfernen den Kern. Dann das Fruchtfleisch würfeln.

2. Geben Sie die Mangowürfel mit der Kokosmilch, dem Kokosöl, Ingwer und Kurkuma in einen Mixer und pürieren Sie alles

Smoothie Bowl

Zubereitungszeit: 20 Minuten

Schwierigkeitsgrad: leicht

Zutaten:
2 Mangos, 150 g TK Beeren, 250 g griechischer Joghurt, 100 ml Mandelmilch, 5 EL Haferflocken, 25 g Nüsse, 50 g Erdbeeren

Zubereitung:
1. Lassen Sie die Tiefkühlbeeren auftauen. Schälen Sie die Mango und schneiden das Fruchtfleisch in kleine Würfel. Stellen Sie etwas davon zur Seite als Dekoration. Auch von den Nüssen.

2. Waschen Sie die Erdbeeren, entfernen Sie die Blüte und putzen Sie die Erdbeeren.

3. Geben Sie die Erdbeeren, Mangowürfel, Joghurt, Nüsse und Haferflocken in einen Standmixer und geben Sie etwas Mandelmilch dazu.

4. Mixen Sie alles gut durch. Sollte es zu dickflüssig sein, geben Sie mehr Mandelmilch dazu.

5. Anschließend mit Nüssen und Mango dekorieren.

Frühstückmuffins

Zubereitungszeit: 30 Minuten

Schwierigkeitsgrad: leicht

Zutaten:
1 Frühlingszwiebel, 1 Paprika, 8 Cocktailtomaten, etwas Spinat, 12 Eier, 100 g Gouda, Salz und Pfeffer

Zubereitung:
1. Waschen Sie die Tomaten, die Frühlingszwiebel und den Paprika. Dann kleinschneiden. Den Spinat waschen und in Streifen schneiden.

2. Geben Sie alles in eine Schüssel. In einer anderen Schüssel schlagen Sie die Eier auf und verquirlen diese gut. Leeren Sie es anschliessend über das Gemüse und schmecken es mit Salz und Pfeffer ab.

3. Füllen Sie die Masse in beschichtete Muffinförmchen und backen Sie diese für 200 C für 15 Minuten im Umlufthers. Das Ei muss gestockt haben.

Aprikose liebt Couscous

Zubereitungszeit: 20 Minuten

Schwierigkeitsgrad: Einfach

Zutaten:
200 g Couscous, 6 Aprikosen, 50 g Sultaninen, 1 Apfel, 1 TL Zimt, 1TL Honig, 1 TL Kokosöl, 1 TL Zitronensaft

Zubereitung:
1. Kochen Sie den Couscous bissfest und seihen Sie dann ab. Anschließend in eine Schüssel geben. Heben Sie die Sultaninen und den Zimt unter.

2. Die Aprikosen und den Apfel waschen und entsteinen. Dann alles in Würfel schneiden.

3. Erhitzen Sie das Öl in einer Pfanne und geben Sie die Früchte hinzu. Mit Honig und Zitronensaft beträufeln und ein Kompott kochen. Das Kompott mit dem Couscous anrichten.

Donats

Zubereitungszeit: 30 Minuten

Schwierigkeitsgrad: Einfach

Zutaten:
200 g Maronen, 200 g Mandelmehl, 150 g Butter, 10 EL Steviapulver, Nelkenpulver, Zimtpulver

Zubereitung:
1. Geben Sie die Maronen in einen leistungsstarken Standmixer und stellen Sie Maronenmehl her. Das Maronenmehl vermengen Sie dann anschließend in einer Schüssel mit dem Mandelmehl und den Gewürzen.

2. Zerbröckeln Sie die zimmerwarme Butter mit den Fingern und geben Sie sie mit dem Steviapulver zu dem Mehl. Stellen Sie einen relativ zähen Teig her.

3. Den Teig über Nacht in den Kühlschrank stellen.

4. Am nächsten Tag einige kleine Würste rollen und zum Kreis zusammen legen. In der Mitte sollte ein Loch sein.

5. Auf ein mit Backpapier ausgelegtem Backblech in Umluft bei 160 C für 10 Minuten backen und solange sie noch warm sind im Steviapulver wälzen

Zimtstangen

Zubereitungszeit: 30 Minuten

Schwierigkeitsgrad: Mittel

Zutaten:
1/2 Tasse Mandelmehl, 1/4 Tasse Kokosmehl, 5 TL Butter, 1 1/2 Tassen Mozzarella, Stevia oder Erythrit, 1 TLK Backpulver, 1 Ei, 1/2 TL Vanille, 1 TL Zimt, Wasser

Zubereitung:
1. Geben Sie in eine große Schüssel das Mandelmehl, das Kokosmehl und das Backpulver.

2. In einem Topf erhitzen Sie die Butte und lassen sie schmelzen. Anschließend die geschmolzene Butter zum Mehl geben und verrühren.

3. Den abgetropften Mozzarella fein hacken und in der selben Pfanne mit etwas Butter schmelzen lassen. Anschließend alle Zutaten zusammenbringen und kurz durchkneten, sodass ein glatter Teig entsteht.

4. Den Teig zwischen 2 Frischhaltefolien geben und dünn ausrollen. Anschließend in dünne Streifen schneiden. Die Streifen nun flechten oder umeinander schlingen. Somit schaffen Sie mehr Oberfläche und das Gebäck wir nicht so schwer.

5. Auf ein mit Backpapier ausgelegtem Backblech die Zimtstangen legen und bei Umluft für 15 Minuten auf 180 C backen. Abkühlen lassen.

6. Eine Glasur herstellen aus Wasser und Vanille, sowie Stevia oder Erythrit. Das Gebäck damit bestreichen und trocken lassen

Avocado Smoothie mit Himbeeren

Zubereitungszeit: 15 Minuten

Schwierigkeitsgrad: leicht

Zutaten:
1 Avocado, 100 g Himbeeren, 2 El Kokosöl, 2 EL Mandelmilch, 1 Salatgurke

Zubereitung:
1. Schälen Sie die Avocado und entfernen Sie den Kern. Schneiden Sie anschließend das Fruchtfleisch in Stücke und gegen es in einen Standmixer. Mit der Mandelmilch auffüllen und das Kokosöl hinzugeben.

2. Die Salatgurke waschen, schälen und in Stücke schneiden. So schneiden, dass sie gut gemixt werden kann und zur Avocado geben.

3. Die Himbeeren waschen und auch in den Blender geben. So lange alles mixen bis ein schön cremiger Smoothie entstanden ist. Je nach dem ob er zu dünn oder zu dick ist, geben Sie mehr Mandelflocken oder Mandelmilch hinzu

Früchte Amaranth

Zubereitungszeit: 20 Minuten

Schwierigkeitsgrad: leicht

Zutaten:
1 Tasse Amaranth, 6 TL Mandelmus, 3 EL Wasser, Stevia, 160 g Heidelbeeren, 160 g Erdbeeren, 2 Bananen, Zimt

Zubereitung :
1. Waschen Sie den Amaranth bis das Wasser klar bleibt. Dann den Amaranth in einem Topf mit Wasser kurz aufkochen und dann bei kleiner Temperatur weiter köcheln lassen für 2 bis 3 Minuten.

2. In der Zwischenzeit waschen und sortieren Sie die Heidelbeeren. Auch die Erdbeeren waschen und putzen. Die Bananen schälen.

3. Die Früchte schneiden Sie nun in kleine Stücke und gießen den Amaranth ab. Beiden miteinander vermenge und mit Stevia süßen.

Chia-Schoko-Pudding

Zubereitungszeit: 10 Minuten

Schwierigkeitsgrad: leicht

Zutaten:
5 EL Chiasamen, 2 EL rohes Kakaopulver, Erytrith, 500 ml Mandelmilch, 3 EL Mandelmus, 1 TL Zimt, 1 TL Vanille, 160 g Beeren

Zubereitung:
1. Die Chiasamen in ein Gefäß geben und mit der Mandelmilch aufschütten. Gut durchrühren und stocken lassen.

2. Das Kakaopulver rühren Sie anschließend ein und geben den Erythrit hinzu. Mit Zimt und Vanille abschmecken und quellen lassen.

Portulak - Smoothie

Zubereitungszeit: 10 Minuten

Schwierigkeitsgrad: Einfach

Zutaten:
200 g Portulak, 1 Banane, 4 El Mandelmus, 4 EL Hanfsamen, andere Früchte, Wasser

Zubereitung:
1. Ernten Sie den Portulak am besten vom heimischen Balkon oder Garten. Gut waschen und Wurzeln und unschöne Blätter entfernen.

2. Schälen Sie die Banane und schneiden sie in kleine Stücke.

3. Geben Sie nun den Portulak, die Banane, Mandelmus und Hanfsamen und etwas Wasser in einen Blender. Alles gut durchmixen. Eventuell mit mehr Früchten auffüllen und nochmals mixen.

Avocado -Ei

Zubereitungszeit: 15 Minuten

Schwierigkeitsgrad: leicht

Zutaten:
1 Avocado, 2 Eier, Salz und Pfeffer

Zubereitung:
1. Schälen und halbieren Sie die Avocado und entfernen Sie den Kern. Eventuell ist es nötig die Höhle etwas zu vergrößern, da dort ein Ei hineinkommen soll.

2. Schneiden Sie die Unterseite der Avocado etwas platt, damit sie im Backofen sicher steht. Dann ein Backblech mit Backpapier auskleiden und die Avocadohälften draufsetzten.

3. Die Eier in die Höhlen schlagen, dabei vorsichtig sein, dass es nicht rausläuft.

4. Die Avocados bei ca. 180 C für 10 Minuten im Backofen garen. Wenn das Ei gestockt hat, sind sie fertig.

Sauerkraut-Rote Beete - Smoothie

Zubereitungszeit: 20 Minuten

Schwierigkeitsgrad: leicht

Zutaten:
100 g Sauerkraut, 1 Rote Beete, 1 kleiner Apfel, Ingwerpulver, 100 ml Wasser, eventuell Erythrit

Zubereitung:
1. Schälen und hacken Sie den frischen Ingwer. Dann schälen Sie die Rote Beete und machen Würfel daraus, Den Apfel schälen und auch würfeln. Das Sauerkraut nochmals schneiden.

2. Geben Sie alle Zutaten in einen Blender und pürieren Sie alles gut durch. Sollte keine Säumigkeit entstehen, einfach einen Esslöffel Mandelmus hinzugeben

Schneller Mandelkuchen

Zubereitungszeit: 35 Minuten

Schwierigkeitsgrad: Einfach

Zutaten:
150 g Mandelmehl, 5 EL Mandelmilch, 20 g Rosinen, 10 Weintrauben, 5 Aprikosen, 2 kleine Äpfel, 1 EL Mandelblättchen, Zitronensaft

Zubereitung:
1. Füllen Sie die Mandelmilch in einen Standmixer. Zu ihr kommen dann die Rosinen und Weintrauben. Pürieren Sie alles solange bis eine sämige Masse entsteht. .

2. Geben Sie das Mandelmehl in eine Schüssel und dann den Blenderinhalt hinzu. Vermengen Sie alles miteinander bis ein klebriger Teig entsteht. Alles in einen Tortenring füllen.

3. Den Blender spülen. Die Aprikosen waschen und entsteinen und in den Blender geben. Mit etwas Zitronensaft pürieren. Die Äpfel waschen, schälen und das Kerngehäuse entfernen. Anschließend in dünne Scheiben schneiden.

4. Das Aprikosenpüree nun auf den Teig gleichmäßig verteilen und dann die Apfelscheiben darauf verteilen. Darüber streuen Sie die Mandelblättchen.

5. Dies kann man nun trocknen lassen oder bei 200°C für 20 Minuten bei Umluft backen.

Porridge

Zubereitungszeit: 30 Minuten

Schwierigkeitsgrad:leicht

Zutaten:
2 EL Leinsamen geschrotet, 3/4 Tasse Wasser, 3 EL Mandelmehl, 1 Ei, 2 TL Butter, 1 EL Sahne oder Mandelmilch, Salz, Beeren

Zubereitung:
1. Lassen Sie den Leinsamen mit dem Mandelmehl in einem Topf mit Wasser aufkochen. Erhitzen sie es nichts lange sonst wird es klumpig. Geben Sie den Zutaten die Möglichkeit quellen.

2. Wenn es anfängt zu quellen, nehmen Sie den Topf vom Herd. Verquirlen Sie ein Ei in einer Tasse und geben es zum Porridge. Vermengen Sie es gut.

3. Stellen Sie den Topf wieder auf den Herd und lassen es bei niedriger Temperatur etwas eindicken. Mit ein paar Früchten oder Honig anrichten.

Pancakes

Zubereitungszeit: 35 Minuten

Schwierigkeitsgrad: Mittel

Zutaten:
1 El Chiasamen, 1 EL Flohsamen, 1/8 Tasse Avocado Öl (oder Olivenöl), 1 TL Vanillemark, 1/2 Tasse ungeübte Mandelmilch, 50 g Mandelmehl, Birkenzucker oder Erythrit, 1/2 TL Backpulver, Salz, Beeren

Zubereitung:
1. Rühren Sie die Chia - und Flohsamen in einer Schüssel mit etwas Wasser an und lassen Sie sie 10 Minuten quellen. Danach wird diese Mischung mit Mandel- oder Nussmuss, Vanille und Öl gut verquirlt.

2. In einer weiteren Schüssel nun die trockenen Zutaten: Kokosmehl, Mandelmehl, Backpulver, Salz und das Süßungsmittel miteinander vermischen. In der Mitte eine Mulde bilden und die Flüssigkeit hinzufügen und einen homogenen Teig herstellen.

3. Erhitzen Sie in einer beschichteten Pfanne etwas Öl und geben Sie dann 2 EL Teig hinein. Verstreichen Sie es zu einem Pfannkuchen. Backen Sie die Pfannkuchen so aus, dass sie goldbraun sind von beiden Seiten.

4. Mit Beeren anrichten

Schoko - Zimt - Smoothie

Zubereitungszeit: 10 Minuten

Schwierigkeitsgrad: leicht

Zutaten: 40 ml, ungeübte Kokosmilch, 1 reife Avocado, 4 TL rohes ungesagtes Kakaopulver, 1 TL Kokosöl, Birkenzucker, Zimt, eventuell Eiswürfel

Zubereitung:
1. Schälen Sie die Avocado und entfernen Sie den Stein. Geben Sie sie in Stückchen in einen Standmixer.

2. Füllen Sie die Kokosmilch hinzu und geben dann das Kokosöl hinein, sowie den Birkenzucker. Wenn Sie einpaar Eiswürfel hinzugeben kann es sämiger werden und erfrischend im Sommer.

3. Alles so lange blenden bis es ein sämiger Smoothie ist. Diesen dann mit etwas Zimt bestreuen.

Mittagessen

Kimchi mit Lachs

Zubereitungszeit: 30 Minuten

Schwierigkeitsgrad: Einfach

Zutaten:

400 g Chinakohl, 1 kleiner Daikon Rettich, 1 Möhre, 1 Apfel, 1 rote Zwiebel, 30 g frischer Ingwer, 1 Chili, 20 g Lachsfilet, 1 EL Öl, 1 EL Sojasauce, Salz, Pfeffer, Zitrone

Zubereitung:

1. Das gesamte Gemüse waschen, eventuell schälen und in Streifen schneiden. Die Zwiebel und den Ingwer hacken.

2. Geben Sie nun alles in eine Schüssel und Salz hinzu und etwas Zitronensaft. Mit der Hand gut durchkneten, sodass das Gemüse Wasser zieht. Zugedeckt dann gut durchziehen lassen.

3. In der Zwischenzeit den Lachs trockentupfen und Öl in einer Pfanne erhitzen. Das Lachsfilet von jeder Seite 2 bis 3 Minuten anbraten, sodass es goldbraun ist.

4. Den Kimchi nochmals gut durchmischen - überschüssige Flüssigkeit abgießen, abschmecken und auf Tellern anrichten. Den gebratenen Lachs darüberlegen und mit Sojasauce beträufeln.

Basisches Chili

Zubereitungszeit: 30 Minuten

Schwierigkeitsgrad: Einfach

Zutaten:

2 Tassen rote Linsen, Grüne und weisse Bohnen TK, 3 Paprikaschoten von jeder Farbe eine, 1 Zwiebel, 2 Knoblauchzehen, 2 EL Mandelmus, 2 EL Olivenöl, 2 Dosen zuckerfreie Tomaten, Pfeffer, Salz, Chilipulver, Paprikapulver, 2TLGemüsebrühe

Zubereitung:

1. Die roten Linsen sollten Sie waschen, den es können kleine Steinchen oder Verunreinigungen dabei sein. Anschliessend gibt man die Linsen mit der doppelte Menge Wasser in eine Topf mit kochendem, gesalzenen Wasser. Die roten Linsen sollten in ca. 10 Minuten fertig gekocht sein.

2. In der Zwischenzeit die Zwiebel schälen und würfeln. Die Paprikaschoten waschen und putzen. Den Strunk entfernen und die Samen. In nicht zu kleine Würfel schneiden. Die Bohnen abtropfen lassen.

3. In einem 2. Topf die Zwiebel in den Olivenöl anschwitzen. Nach 2 Minuten die Paprikawürfel hinzugeben und anschließend die Bohnen. Nach weiteren 5 Minuten das ganze mit Gemüsebrühe ablöschen und auffüllen. Nun kommen die Tomaten hinzu. Öfters probieren und mit Salz, Pfeffer, Chili abschmecken.

4. Zum Schluss kommen die roten Linsen hinzu. Nun gibt man anstatt Fett das Mandelmus hinzu. Dadurch wird das Chili seine typische Konsistenz erhalten. Wer es mag darf gerne etwas kräftiger beim Chilipulver sein, Chili hat durch seine Schärfe eine reinigende Wirkung auf dem kompletten Verdauungstrakt.

Zucchini- Spaghetti mit Tomatensauce

Zubereitungszeit: 30 Minuten

Schwierigkeitsgrad: Einfach

Zutaten:

2 Zucchini, 1 Zwiebel, 2 Frühlingszwiebeln, 10 Kirschtomaten,

2 Tomaten, 2 Knoblauchzehen, ½ TL Ingwer, 2 EL Gemüsebrühe,

2 EL Olivenöl, 2 EL zuckerfreies Tomatenmark, Mandelmus,Salz und Pfeffer, frische Kräuter, Basilikum, 300 ml Wasser

Zubereitung:

1. Die Tomaten waschen und würfeln. Die Zwiebeln schälen und ebenfalls würfeln. In einer Pfanne das Öl erhitzen und die Zwiebeln mit dem Knoblauch darin anschwitzen. Die Tomatenwürfel hinzugeben und alles gut garen.

2. Schmecken Sie nun die Soße mit dem Ingwer, sowie Salz und Pfeffer ab. Dann mit der Gemüsebrühe ablöschen und auffüllen. Zur Bindung das Mandelmehl und das Tomatenmark einrühren.

3. Die Zucchini waschen und mit einem Sparschäler Spaghetti daraus herstellen. In einer separaten Pfanne etwas Öl erhitzen und die Zucchini Spaghetti darin kurz anbraten.

4. Die Spaghetti auf einen Teller geben und mit den gehackten Kräutern garnieren.

Sauerkraut aus dem Bachofen

Zubereitungszeit: 1 Stunde

Schwierigkeitsgrad: Einfach

Zutaten:

350 g Sauerkraut, aus der Dose, ohne Alkohol, 200 g Kartoffeln,

1 große Zwiebel, 1 Apfel, 2 EL Olivenöl, 1 TL Koriander, Pfeffer, Salz,

Muskatnuss, Kümmel, Petersilie

Zubereitung:

1. Das Sauerkraut aus der Dose nehmen in ein Sieb geben, aber den Saft auffangen. Die Zwiebel schälen und hacken. Den Apfel waschen und in Würfel schneiden.

2. In einer Pfanne Öl erhitzen und die Hälfte der Zwiebel hineingeben. Ca. 2 Minuten anschwitzen. Dann geben Sie das abgetropfte Sauerkraut hinzu. Jetzt kann auch schon der Kümmel, ganz oder im Mörser zerstossen hinzufügen. werden.

3. Alles miteinander anrösten. Die Kartoffel schälen und reiben. In eine Schüssel geben und mit der anderen Hälfte der Zwiebel, Petersilie, Muskatnuss Abrieb, Salz, Pfeffer und Koriander vermengen.

4. Auf ein Backblech etwas Öl geben und dann das Sauerkraut aus der Pfanne darauf kompakt verteilen. Über das Sauerkraut geben Sie dann die rohe Kartoffelmasse. Das Sauerkraut geht dann für ca. 50 Minuten bei 170 C in den Backofen und backt dort wunderbar knusprig und goldgelb gebräunt aus. In Quadrate oder Dreiecke schneiden.

Grüner Kefir mit Paprika

Zubereitungszeit: 15 Minuten

Schwierigkeitsgrad: Einfach

Zutaten:

1 grüne Paprikaschote, 1 rote Chili, 1TL frischer Ingwer, 250 ml Kefir, Salz und Pfeffer

Zubereitung:

1. Waschen Sie die Paprika und überbrühen Sie sie mit heißem Wasser, so dass Sie die Haut abziehen können. Nun entfernten Sie das gesamte Innenleben des Gemüses. Hacken Sie sowohl die Paprika nun sehr fein wie auch die Chilischote.

2. Den Ingwer schälen und am besten reiben Sie ihn. Den Kefir in einen Mixer geben und die Paprika, den Ingwer und die Chili hinzugeben. Alles sehr fein pürieren und nach Belieben mit Salz und Pfeffer abschmecken, auch Zitronensaft kann eine köstliche Abrundung darstellen.

Joghurtpuffer

Zubereitungszeit: 15 Minuten

Schwierigkeitsgrad: Einfach

Zutaten:

100 g Joghurt oder Kefir nach Belieben, 1 Ei, 50 g Mandelmehl,

½ TL Natron, 2 EL Olivenöl, Salz und Pfeffer

Zubereitung:

1. Das Ei wird in einer Tasse mit der Gabel verquirlt. Geben Sie dann alle Zutaten bis auf das Öl in eine Schüssel. Auch das Ei hinzugeben und verrühren bis ein glatter Teig entsteht, der aber nicht zäh ist.

2. In einer Pfanne das Öl erhitzen und mit einem Esslöffel den Teig in die Pfanne geben und rundliche Burger formen. Diese von beiden Seiten goldgelb anbraten und dann noch warm mit dem Joghurt servieren.

Fisch - Gemüse - Pfanne

Zubereitungszeit: 30 Minuten

Schwierigkeitsgrad: Einfach

Zutaten:

200 g weißes Fischfilet, 1 Zucchini, 1 Paprikaschote orange, 1 Zwiebel, 1 Knoblauchzehe, 2 EL Kokosöl, 50 g Brokkoli, Frühlingszwiebel, 200 ml Kokosmilch, Ingwerpulver, Sesamöl, Salz und Pfeffer, Dill, Gartenkräuter

Zubereitung:

1. Die Zucchini und die Paprikaschote waschen und putzen. Die Zwiebel und den Knoblauch schälen und fein hacken. Die Frühlingszwiebel waschen und in feine Scheiben schneiden. Den Brokkoli putzen und in kleine Röschen zerteilen.

2. Das Öl in einer Pfanne erhitzen. Die Gemüse bis auf den Brokkoli hinzugeben kräftig anbraten. Jetzt schon mit Salz und Pfeffer abschmecken und den frischen Dill hinzugeben. Ist alles gut angebraten - mit der Kokosmilch ablöschen.

3. Die Sauce nun einziehen lassen. Den Brokkoli hineingeben. Mit Ingwer abschmecken. Zum Schluss kommt das in mundgerechte Stücke geschnittene Fischfilet in die Sauce. Der Fisch zieht in ca. 5 Minuten glasig gar.

Thunfischsalat

Zubereitungszeit: 20 Minuten

Schwierigkeitsgrad: Einfach

Zutaten:

300 g Thunfisch aus der Dose, gerne in Öl, 100 g Mozzarella, Grüner Salat, Gartenkräuter, Avocado, ½ Zwiebel oder 1 Frühlingszwiebel, 3 Stangen Sparge, 1 Tomate

Fürs Dressing:

2 EL Olivenöl, 1 El Apfelessig, 1 TL Zitronensaft, Knoblauchzehe, Salz und Pfeffer

Zubereitung:

1. Die Spargelstangen waschen und putzen und kochen bis sie bissfest sind. Schälen Sie die Zwiebel und hacken sie fein. Schälen Sie die Avocado, entfernen Sie den Stein und schneide sie in kleine Würfel.

2. Waschen Sie den Salat, gerne auch eine Salatmischung und schleudern ihn trocken. In eine Schüssel geben. Den abgetupften Mozzarella schneiden Sie in Würfel. Bereiten Sie aus den angegebenen Zutaten ein Dressing.

3. Den Mozzarella und die Avocado zum Salat geben. Geben Sie den Thunfisch aus der Dose auf den Salat und die Salatsauce. Vorsichtig vermengen. Die Zwiebel und die fein gewürfelte Tomate hinzugeben.

4. Zum Schluss mit den gehackten Gartenkräuter bestreuen und anrichten.

Eiersalat mit Avocado

Zubereitungszeit: 20 Minuten

Schwierigkeitsgrad: Einfach

Zutaten:

3 Eier,1 Avocado, 1 - 2 TL Currypulver, 50 ml Wasser, Salz, Pfeffer, Zitrone, Chili nach Belieben, frische Gartenkräuter oder Kräuter der Saison

Zubereitung:

1. Die 3 Eier kochen bis sie hart sind. Wenn sie zu weich sind wird es eher fürs Auge unappetitlich. Die Eier schälen nachdem sie etwas abgekühlt sind und in Viertel oder Scheiben schneiden.

2. Die geschälte Avocado in kleine Stücke würfeln und in den Standmixer geben. Etwas Wasser hinzugeben, den Saft der Zitrone, Salz und Pfeffer. Die Avocado mixen bis eine schöne glatte Masse entstanden ist.

3. Diese Masse geben Sie nun als Salatsauce über die Eier und vermengen es vorsichtig.

Pilz - Auberginen-Speck-Pfanne

Zubereitungszeit: 25 Minuten

Schwierigkeitsgrad: Einfach

Zutaten:

200 g zuckerfreien Speck, 200 g Auberginen, 150 g braune Champignons,

2 EL Butter, 1 Knoblauchzehe, 1 EL Zitronensaft,
200 ml Sahne, 1 EL Weisswein, 100 g Parmesan, Gartenkräuter

Zubereitung:

1. Würfeln Sie den Speck und geben Sie ihn in eine Pfanne mit Butter. Backen Sie den Speck bei mittlerer Temperatur goldbraun an. Nehmen Sie den Speck aus der Pfanne und stellen ihn zur Seite.

2. Waschen Sie die Auberginen oder wenn Sie die Schale nicht mögen, dann schälen Sie sie. Schneiden Sie die Eierpflanze nun in Streifen und geben Sie sie in die Pfanne, in welcher Sie vorher den Speck angebraten haben.

3. Das gibt den Auberginen schon ein tolles Aroma. Erhitzen Sie die Pfanne nicht zu stark, da Auberginen sehr schnell matschig gekocht sind. Schälen Sie in der Zwischenzeit die Knoblauchzehe und hacken Sie sie fein.

4. Geben Sie nun die Hälfte vom Speck in die Pfanne dazu. Nach und nach den Saft der Zitrone, die Sahne und den Wein hineingeben. Vermengen Sie es leicht und geben dann den geriebenen Parmesan über alles.

5. Drehen Sie die Temperatur herunter und lassen Sie alles 5 Minuten köcheln. Richten Sie den Pfanneninhalt auf einem Teller an. Geben Sie den Rest des Speckes und frische, gehackte Gartenkräuter als Garnitur darüber.

California Rolls

Zubereitungszeit: 35 Minuten
Schwierigkeitsgrad: Einfach

Zutaten
1 Salatgurke, 100 g Lachs, 300 g Blumenkohl, 60 g Frischkäse, 2 EL Kokosöl, 1 TL Sesamöl, 1 TL zuckerfreie Mayonnaise, Salz, Pfeffer, Chili oder Wasabi

Zubereitung:
1. Nachdem Sie die Salatgurke gewaschen und getrocknet haben, schneiden Sie sie in dünne Längsscheiben. Waschen Sie den Blumenkohl und zerkleinen ihn so, dass er in einen Standmixer passt. Hierbei ist ein Hochleistungsmixer von Vorteil.

2. Sie brauchen den Blumenkohl in der Größe von Reiskörnern. Garen Sie dann den Blumenkohl in etwas Kokosöl in einer Pfanne. Achten Sie darauf, dass der Blumenkohl nicht braun wird.

3. Stellen Sie aus dem Sesamöl und dem Frischkäse eine homogene Masse her. Der Blumenkohl ist nun gar und kann zu der Frischkäsemasse kommen.

4. Tupfen Sie den Lachs trocken und hacken ihn in kleine Würfel. Vermengen Sie den gehackten Lachs mit der Mayonnaise. Wenn Sie keine Bambusmatten haben, nehmen Sie etwas Frischhaltefolie.

5. Geben Sie die dünnen Gurkenscheiben darauf. Reihen Sie sie dicht an dicht. Auf die Gurken geben Sie nun den Blumenkohl. Das sollte ca. 5 mm dick sein. Auf den Blumenkohl wird der Lachs verteilt.

6. Mit Hilfe der Frischhaltefolie rollen Sie nun alles zu soliden Rollen. Im Regelfall erhalten Sie 2 bis 3 Rollen. Geben Sie diese für 1 Stunde in den Kühlschrank. Die Rollen dann in Sushi - Stücke schneiden und mit Wasabi geniessen.

Nudelsalat mit Tofu

Zubereitungszeit: 30 Minuten

Schwierigkeitsgrad: Einfach

Zutaten:
150 g Konjak Nudeln, 150 g Tofu, 75 g Austernpilze, 75 g Zuckerschoten, 50 g Chinakohl, 75g Kimchi, 2 handvoll Erdnüsse, 50 ml Gemüsebrühe, 2 EL Sojasauce, 1 EL geröstetes Sesamöl, 2 EL Sesam, 1 EL Pilzsauce, Saft einer Limette, Kokosöl

Zubereitung:
1. Für das Dressing in einer Pfanne ohne Öl den Sesam anrösten und dann mit dem Limettensaft, der Soja- und Pilzsauce, sowie der Gemüsebrühe verrühren. Dann werden der Chinakohl und die Zuckerschoten in kochendem Wasser kurz blanchiert.

2. Nun das blanchierte Gemüse und den Kimchi gut vermischen.

3. In einer heißen Pfanne ohne Öl werden die Erdnüsse angeröstet und dann zum Abkühlen zur Seite gestellt. In der gleichen Pfanne jetzt das Kokosöl erhitzen und den Tofu und die Austernpilze darin knusprig und goldbraun braten.

4. Zum Schluß salzen und pfeffern und etwas Sojasauce darüber träufeln, auf den Salat geben. Mit dem gerösteten Erdnüsse servieren.

Überbackener Blumenkohl

Zubereitungszeit: 30 Minuten

Schwierigkeitsgrad: Einfach

Zutaten:

1 Blumenkohl, 200 g Kochschinken, 60 g Butter, 2 EL Mandelmehl, ¼ Liter Milch, 80 g Sahne, 2 Eigelb, 50 g Parmesan, Muskatnuss, Salz, Pfeffer

Zubereitung:

1. Den Blumenkohl waschen und putzen und in größere Röschen zerteilen. In kochendem Salzwasser 2 bis 3 Minuten kochen. Aus dem Wasser nehmen und in einem Sieb abtropfen lassen.

2. Eine feuerfeste Auflaufform mit 20 g Butter bestreichen. Blumenkohl und Schinken darauf gleichmäßig verteilen. Den Rest der Butter in einem Topf erhitzen.

3. Dann das Mandelmehl hinzugeben und schluckweise Milch hinzugeben sodass eine dickere Sauce entsteht. Nun kommen die Sahne und das Eigelb hinzu. Bitte ständig rühren.

4. Am Ende kommt der geriebene Parmesan hinein. Abschmecken mit frisch geriebenem Muskat, Salz und Pfeffer.

Quinoa Bratlinge

Zubereitungszeit: 25 Minuten

Schwierigkeitsgrad: Einfach

Zutaten:

200 Gramm Quinoa,1 Zucchini, 1 Möhre, 2 Frühlingszwiebeln,
1 EL Sonnenblumenkerne, 1 TL Sesamöl, 1 EL Stärke, 1 TL Kurkuma,
1 TL Currypulver, Salz, Pfeffer, Petersilie

Zubereitung:

1. Waschen Sie den Quinoa bis das Wasser klar ist und kochen Sie ihn bissfest. Lassen Sie den Quinoa abkühlen. Waschen und raspeln Sie die Zucchini. Lassen Sie die Feuchtigkeit der Zucchini von einem Küchenkrep aufsaugen.

2. Die Möhre putzen ebenfalls raspeln. Schälen Sie die Zwiebel und hacken Sie sie fein.

3. Geben Sie nun alle Zutaten in eine große Schüssel und vermischen Sie alles miteinander bis eine Art Burgerteig entsteht. Die Stärke können Sie, wenn nötig auch separat mit ein wenig Wasser zuerst verrühren und dann zu den Zutaten geben.

4. Formen Sie kleine Kugel aus der Masse und erhitzen Sie Kokosöl in einer Pfanne. Geben Sie die Kugeln vorsichtig in die Pfanne und drücken Sie sie flach, so dass es Bratlinge werden.

5. Die Bratlinge bei mittlerer Hitze so lange braten bis sie schön kross sind.

Thunfischsteak mit gemischtem Salat

Zubereitungszeit: 30 Minuten

Schwierigkeitsgrad: Einfach

Zutaten:

1 frisches Thunfischsteak ca. 300 g, Salz und Pfeffer

Für den Salat:

300 g grünen Salat, gerne gemischt mit Eichblattsalat, eine handvoll Chiccore, 1 Avocado, Salz und Gartenkräuter

Zubereitung:

1. Waschen und putzen Sie den Salat. Lassen Sie ihn abtropfen und schneiden aus dem Chicoree feine Scheiben. Schälen Sie die Avocado und schneiden sie in Würfel.

2. Bereiten Sie nun ein Dressing aus dem Olivenöl, dem Zitronensaft, Salz und den Gartenkräutern. Geben Sie den Salat in eine Schüssel und die Avocado darüber. Nun geben Sie das Dressing drauf und vermenge es.

3. Stellen Sie den Salat zur Seite. Trocknen Sie das Thunfischsteak mit Küchenpapier und bestreuen sie es mit Salz und Pfeffer.

4. Erhitzen Sie in einer Pfanne das Olivenöl und geben Sie das vorbereitete Thunfischsteak hinein. Braten Sie es relativ scharf von beiden Seiten an, so dass sich die Poren des Thunfisches schnell schließen, da sonst die Gefahr besteht, dass das Thunfischsteak trocken werden kann.

Frittata

Zubereitungszeit: 30 Minuten

Schwierigkeitsgrad: Einfach

Zutaten:

50 g Kirschtomaten, 50 g Blattspinat, 1 Knoblauch, 1 Frühlingszwiebel,

1 EL Öl, 2 Eier, 2 EL Milch, 30 g Feta, Salz, Pfeffer, Muskat

Zubereitung:

1. Die Tomaten und den Spinat waschen. Den Knoblauch schälen und hacken, die Zwiebel waschen und hacken. Die Tomaten halbieren, je nach Größe auch vierteln.

2. In einer Pfanne das Öl erhitzen und die Zwiebel und den Knoblauch darin anschwitzen. Nach 2 Minuten den Spinat zufügen und untermengen. Die einer in ein hohes Gefäß schlagen und mit der Milch vermischen.

3. Mit Salz, Pfeffer und Muskat abschmecken und mit einem Schneebesen oder Handrührgerät verquirlen. In eine antihaftbeschichtete Auflaufform füllen und den Pfanneninhalt darüber gegeben.

4. Den Feta zerdrücken und darüber geben. Bei ca. 200 C in Umluft für 15 Minuten backen bis da Ei gestockt hat.

Blumenkohlpfanne mit Speck

Zubereitungszeit: 30 Minuten

Schwierigkeitsgrad: Einfach

Zutaten:

6 Scheiben zuckerfreien Speck, 2 Tassen Blumenkohl, 1 mittelgroße Zwiebel, 1 Knoblauchzeh, 1 TL Salz und Pfeffer

Zubereitung:

1. Waschen und putzen Sie den Blumenkohl. Geben Sie dann am besten den Blumenkohl, die Zwiebel und den Knoblauch in einem Blender zum Zerkleinern. Das geht schnell und das Ergebnis ist sehr gut.

2. In einer Pfanne erhitzen Sie dann etwas Butter oder Öl und geben die Zutaten aus dem Blender hinein. Den Blumenkohl solange anbraten bis er weich ist und eine schöne leichte Farbe angenommen hat.

3. Geben Sie den Blumenkohl dann in eine Schüssel und braten Sie den Speck in der Pfanne von beiden Seiten an, bis er schön kross ist.

Pfannkuchen mit Spinat - Feta Füllung

Zubereitungszeit: 20 Minuten

Schwierigkeitsgrad: Einfach

Zutaten für den Pfannkuchen:

5 Eier, 3 Eiklar, Salz, 1 TL Sesamöl

Zubereitung:

1. Aus den verquirlten Eiern und dem Eiklar einen Pfannkuchen in der Pfanne backen. Da dies eine mehlfreie Variante ist, wählen Sie die Temperatur nicht zu hoch, sonst verbrennt Ihnen der Pfannkuchen.

2. Stellen Sie sicher, dass das Ei gut durchgebraten ist. Stellen Sie dann den Pfannkuchen oder die Pfannkuchen zur Seite.

Zutaten für die Füllung:

etwas Kokosöl oder Ghee oder Butter, 1/2 Tasse Feta, 2 Tassen Spinat, 4 Basilikumblätter, 3 getrocknete Tomaten, etwas Olivenöl

Zubereitung:

1. Dämpfen Sie die 2 Tassen frischen Spinat in einer Pfanne mit Öl an. Danach in einer separaten Schüssel den gebratenen Spinat mit dem Feta, den Basilikum, den getrockneten Tomaten und dem Sesamöl vermengen.

2. Es sollte eine schöne, homogene Masse entstehen. Diese Masse dann in die Pfannkuchen füllen und rollen.

Bulgursalat

Zubereitungszeit: 20 Minuten

Schwierigkeitsgrad: Einfach

Zutaten:

50 g Bulgur, 100 ml Gemüsebrühe, 60 g Salatgurke, 1 Tomate, Karotte, 2 EL Olivenöl, 1 EL Balsamico, Petersilie, Salz, Pfeffer, Muskat, Minze

Zubereitung:

1. Kochen Sie den Bulgur in der Gemüsebrühe bis er bissfest ist. Auskühlen lassen. Gurke und Tomate waschen und würfeln. Die Karotte schälen und fein raspeln. Die Kräuter waschen und hacken.

2. Ein Dressing herstellen und alles gut durchziehen lassen.

Abendessen

Sauerkraut -Hackfleisch-Pfanne

Zubereitungszeit: 30 Minuten

Schwierigkeitsgrad: Einfach

Zutaten:

200 g Sauerkraut, 100 g Hackfleisch, 1 Zwiebel, 2 El Olivenöl, 1 Knoblauchzehe, 2 EL zuckerfreies Tomatenmark, 1 TL Wacholderbeeren, Brühe, Salz und Pfeffer

Zubereitung:

1. Die Zwiebel und den Knoblauch schälen Sie wie gewohnt. Dann fein hacken. Das Öl in einer Pfanne erhitzen und die Zwiebel mit dem Knoblauch darin anschwitzen.

2. Nun kommt das Hackfleisch hinzu. Verteilen Sie es in der Pfanne mit einem Rührlöffel, sodass es gleichmäßig anbraten kann. Jetzt können Sie auch schon das 1. Mal abschmecken mit Salz und Pfeffer.

3. Das abgetropfte Sauerkraut kommt nun zum Hackfleisch und wird zusammen angebraten. Ruhig etwas kräftiger, dann mit der Brühe ablöschen und das Tomatenmark hineinrühren.

4. Alles miteinander braten lassen und gerne mit den Wacholderbeeren.

Kichererbsen Curry

Zubereitungszeit: 30 Minuten

Schwierigkeitsgrad: Einfach

Zutaten:

1 Dose zuckerfreie Kichererbsen oder die Kichererbsen am Vortag einweichen, 150 g Tomaten, 2 EL Olivenöl, 100 ml Kokosmilch, 1 TL Ingwerpulver, Salz und Pfeffer, Chili, Koriander

Zubereitung:

1. In einem Topf das Öl erhitzen. Die Kichererbsen aus der Dose abtropfen lassen und dann in den Topf geben.

2. Mit Salz und Ingwerpulver abschmecken. Für ca. 3 bis 4 Minuten anbraten lassen, aber man muss aufpassen, dass es nicht anbrennt. Die Temperatur reduzieren und die passierten Tomaten hinzugeben.

3. Mit der Kokosmilch aufschütten. Alles gut vermengen und durchrühren. Ca. 5 Minuten bei mittlerer Temperatur köcheln lassen. Nun nur noch mit frischem Koriander garnieren und schmecken lassen.

Wirsing Röllchen gefüllt mit Süßkartoffel

Zubereitungszeit: 45 Minuten

Schwierigkeitsgrad: Einfach

Zutaten:

1 Süßkartoffel, 4 Wirsingblätter, 4 Steinpilze, 1 Stange Sellerie,

1 EL Mandelmus, Etwas Sesam, Salz und Pfeffer, 4 EL Olivenöl,

Petersilie

Zubereitung:

1. Die Süsskartoffel mit dem Sparschäler schälen und in Stücke schneiden. In einem Topf mit gesalzenem heißen Wasser die Süßkartoffel kochen bis sie gar ist.

2. In einem 2. Topf Wasser zum Blanchieren der Wirsingblätter vorbereiten. Den Sellerie waschen und in feine Würfel schneiden. Die Wirsingblätter waschen und den harten Strunk herausschneiden.

3. Nun blanchieren Sie die Wirsingblätter damit sie so weich werden, dass man sie rollen kann. Wenn die Süßkartoffel dann gar ist, können Sie sie aus dem Wasser nehmen. I

4. In eine Edelstahlschüssel geben und mit der Gabel die noch heisse Süßkartoffel verdrücken. Sesam, Salz und Pfeffer hinzugeben. Sellerie und das Mandelmus untermengen.

5. Zum Schluss die gehackte Petersilie darüberstreuen. Ideal zum Rollen der Wirsingblätter wäre eine Bambusmatte, wie man sie zum Rollen von Sushi verwendet.

6. Haben Sie keine Bambusmatte tut es auch eine handelsübliche Frischhaltefolie. Die Folie zurechtschneiden und ein blanchiertes Wirsingblatt hineinlegen. Dann je nach Größe des Wirsingblattes ein bis zwei Esslöffel des Süsskartoffelmuses drauf geben. Auf jeden Fall nur so viel Mus darauf tun, dass Sie den Wirsing noch gut rollen und einschlagen können.

7. Nun rollen Sie das Wirsingblatt und drückt schon während des Rollens die Seiten links und rechts mit in die Rolle. So brauchen Sie keinen Faden - mit etwas Übung erhalten Sie perfekte kleine Wirsingpakete.

8. Die Wirsingröllchen nun in dem Blanchierwasser für 5 bis 10 Minuten weiterziehen lassen. Zwischenzeitlich die Steinpilze putzen und in dünne Scheiben schneiden. In etwas Öl glasig braten. Auf einem Teller einen Spiegel aus den gebratenen Steinpilzen anrichten. Die Wirsingröllchen darauf legen.

Veggie Curry

Zubereitungszeit: 45 Minuten

Schwierigkeitsgrad: Einfach

Zutaten:

600 ml Kokosmilch, 300 g Kartoffeln, 250 g Tofu, 3 Zwiebel,
3 Knoblauchzehe, 3 TL frischer Ingwer, 3 TL Kurkuma, 2 Auberginen,
250g Cherrytomaten, 1 Bund Thai-Basilikum, 3 EL Currypulver

Zubereitung:

1. Die Kartoffeln schälen und klein schneiden und zusammen mit der Kokosmilch in den Wok geben. Die Zwiebel und Knoblauch schälen und hacken. Die Aubergine waschen und in Würfel schneiden und dem Tofu und Knoblauch sowie Zwiebeln ebenfalls in den Wok geben und aufkochen.

2. Die Hitze herunterstellen und ca. 15 Minuten köcheln lassen Am Ende die Cherrytomaten, das Currypulver und Kurkuma dazugeben. Nochmals alles kurz aufkochen und dann vom Herd nehmen.

Tofufrikadellen mit Rahmspinat

Zubereitungszeit: 45 Minuten
Schwierigkeitsgrad: Einfach
Zutaten Tofufrikadellen:
1 kg Tofu, 3 Paprika, 3 Karotte, 3 Zwiebel, 3 Knoblauchzehe, 3 Ei, 10 EL Quark, Salz und Pfeffer, Gartenkräuter

Zutaten Rahmspinat:
1,5 k g frischen Spinat, 3 Zwiebel, 100 g Butter, 500 ml Sahne, Salz, Pfeffer und Muskatnuss

Zubereitung Tofufrikadelle:
1. Paprika waschen und fein würfeln. Zwiebel schälen und fein hacken. Die Möhre waschen und raspeln. Den Tofu in eine Schüssel geben und zerdrücken.

2. Nun alle weiteren Zutaten dazugeben und das Ei hineinschlagen. Mit Salz und Pfeffer abschmecken. Kräuter dazugeben. Nun eine homogene Masse herstellen.

3. Ein Backblech mit Backpapier auslegen und aus dem Tofuteig 5 cm grosse Kugeln formen. Aufs Backpapier setzen und platt drücken, so dass es wie Frikadellen aussieht.

4. Im Backofen bei Umluft auf 180°C für 15 Minuten backen.

Zubereitung Rahmspinat:
1. Den Spinat gründlich mehrmals waschen. Putzen und trockenschleudern. Die Zwiebel schälen und fein würfeln. Butter in einer Pfanne erhitzen und die Zwiebel darin anschwitzen.

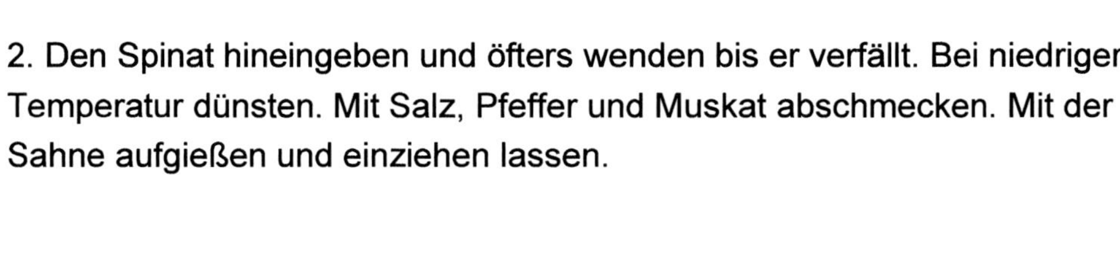

2. Den Spinat hineingeben und öfters wenden bis er verfällt. Bei niedriger Temperatur dünsten. Mit Salz, Pfeffer und Muskat abschmecken. Mit der Sahne aufgießen und einziehen lassen.

Schafskäse - Quiche

Zubereitungszeit: 45 Minuten

Schwierigkeitsgrad: Einfach

Zutaten für den Teig:
260 g Mandelmehl, 40 g Parmesan, 130g Butter, 2 Ei, 1 TL Salz

Zutaten für die Füllung:
2 Zucchini, 4 Eier, 300 g Schafskäse, 60 g Sonnenblumenkerne, 30 g Parmesan, 200 ml saure Sahne, 2 EL Olivenöl

Zubereitung Teig:
1. Alle Zutaten für den Teig in eine Schüssel geben und einen Mürbteig daraus herstellen. Dieser Teig muss dann im Kühlschrank für ca. 30 Minuten kühlen.

Zubereitung Füllung:
1. Die Zucchini waschen und in Scheiben schneiden, aber längs und je nach Größe der Zucchini ein oder zwei Mal durchschneiden, dass die Scheiben nicht zu lange sind.

2. In einer Pfanne die Zucchinischeiben in etwas Olivenöl anbraten,. Eine Auflaufform ist diese ideal für eine Quiche. Den gekühlten Teig nun ausrollen und zwar etwas grösser als die Form, sodass noch ein Rand geformt werden kann.

3. Diesen Teig dann bei ca. 170 C für 20 Minuten in Umluft goldbraun ausbacken. Zwischenzeitlich die Eier trennen. Das Eiweiß steifschlagen. Den Schafskäse würfeln und zu den Eigelben geben.

4. Verrühren Sie nun folgendes: Sonnenblumenkerne, saure Sahne und der geriebene Parmesan. Weiter rühren bis es nicht zu flüssig ist und mit Salz, Pfeffer und Kräutern abschmecken.

5. Die Zucchinischeiben sind nun abgekühlt und folgen mit dem Eischnee der Masse. Alles unterheben und auf den nun fertig gebackenen Teig füllen.

6. Glatt streichen und nochmals für 20 Minuten bei 170°C Umluft backen. Das Ei muss gestockt sein, dann ist die Quiche fertig.

Avocado - Konjaknudeln

Zubereitungszeit: 25 Minuten

Schwierigkeitsgrad: Einfach

Zutaten:

1 kg Konjaknudeln, 5 Avocado, 20 EL Ricottakäse, 5 EL Milch, 5 EL Parmesan, Salz, Pfeffer und frische Petersilie

Zubereitung:

1. Die Konjaknudeln abschütten und die Nudel in einem Sieb unter fliessendem Wasser gut waschen. Alle Avocados schälen und die Kerne entfernen.

2. In einer Schüssel den Ricotta und die zerkleinerte Avocados mischen. Mit einer Gabel die Avocado mit dem Ricotta zerdrücken.

3. In dünnem Strahl nun die Milch zu dem Gemisch unter ständigem Rühren gießen. Es sollte eine etwas dickere Paste entstehen. Mit Salz und Pfeffer abschmeckst.

4. Die Konjaknudeln brauchen normalerweise nicht gekocht zu werden. Die Nudeln nun zur Paste geben und alles gut vermengen.

Paprikaschoten mit Quinoafüllung

Zubereitungszeit: 40 Minuten

Schwierigkeitsgrad: Einfach

Zutaten:

4 rote Paprika, 200 g Quinoa, Zucchini, Knoblauchpulver, 50 g Käse, 2 Zwiebeln, Wasser, 2 Eier, 2 EL Tomatenmark, 1 TL Curry, 30 g Butter, Salz und Pfeffer

Zubereitung:

1. Waschen Sie den Quinoa bis das Wasser klar bleibt. Anschließend den Quinoa weich kochen.

2. Waschen Sie die Paprikaschoten, dann den Deckel abschneiden und die Kerne herausholen und das weiße der Paprika.

3. Die Zwiebel, Knoblauch und Zucchini schälen und hacken. In einer Pfanne den Butter erhitzen und das Gemüse hinzugeben und anschwitzen.

4. Den Ferien Quinoa abseihen und in eine Schüssel geben. Mit dem gebratenen Gemüse und den Eiern vermengen und dann die Paprikaschoten damit füllen.

5. Die Paprika in eine Auflaufform stellen und mit Parmesan bestreuen. Im Backofen bei ca. 180 C Umluft für 20 Minuten backen.

Brathähnchen mit Brokkoli -Mozzarella Salat

Zubereitungszeit: 1 Stunde

Schwierigkeitsgrad: Einfach

Zutaten:
1 Hähnchen in Bio Qualität oder direkt vom Biobauern, etwas grünen Salat, 100 g Mozzarella, 200 g Brokkoli, Frühlingszwiebel, 2 EL Olivenöl, 2 EL Apfelessig, Salz und Pfeffer

Zum Marinieren des Hähnchens:
Öl, süßes Paprikapulver, Salz, Pfeffer, Knoblauchpulver

Zubereitung:
1. Marinieren Sie das abgetupfte Hähnchen mit der Marinade aus den oben genannten Zutaten. Geben Sie es in einen Bräter im Backofen. Backen es bei 220°C für ca. 30 bis 45 Minuten, je nach Größe. Das Hähnchen öfters drehen.

2. In der Zwischenzeit den Brokkoli waschen und putzen. In einem Topf mit heißem Wasser den Brokkoli dann nur blanchieren. Es soll ja Salat daraus werden.

3. Lassen Sie den Mozzarella gut abtropfen und schneiden Sie ihn in Würfel. Waschen Sie den grünen Salat und schleudern ihn trocken. Schneiden Sie die gewaschene Frühlingszwiebel in feine Scheiben.

4. Stellen Sie aus den Zutaten für das Salatdressing ein solches her. Wenn der Brokkoli fertig ist, lassen Sie ihn gut abtropfen und geben Sie ihn in eine Schüssel und gieße das Dressing darüber.

5. Nun geben Sie den Mozzarella darauf. Das Hähnchen sollte dann auch fertig sein.

Pizza mal anders

Zubereitungszeit: 1 Stunde

Schwierigkeitsgrad: Einfach

Zutaten:
2 grosse Eier, 1 bis 2 EL Mandelmehl, ½ TL italienische Gewürze, Salz, Pfeffer, 2 EL Olivenöl, 1 Schale körniger Frischkäse

Zutaten für den Belag:
250 g Gouda, 3 EL zuckerfreie Tomatensauce, 1 EL Basilikum gehackt, Schinken, Champignons, Paprika

Zubereitung des Teiges:
1. Verquirlen Sie die Eier in einer Schüssel und geben Sie das Mandelmehl hinzu.

2. Verrühren Sie alles unter Beigabe des körnigen Frischkäses. Nun können Sie schon abschmecken mit Salz und Pfeffer und einen homogenen Teig herstellen.

3. Legen Sie ein Backblech mit Backpapier aus und streichen den Teig darauf aus, ob rund oder eckig bleibt Ihnen überlassen. Der Teig sollte aber dünn sein.

4. Backen Sie den Pizzaboden nun bei 180 C für ca. 15 bis 20 Minuten. Wenn der Boden gebacken ist, nehmen Sie ihn aus dem Backofen und belege die Pizza frei nach Fantasie und Geschmack.
5. Sie können die ganze Pizza als Schinken - Champignon - Pizza gestalten oder in jedem Viertel etwas anders Leckeres legen.

6. Bestreichen Sie den Boden mit der Tomatensauce, aber nur dünn, sonst wird der Boden zu feucht.

7. Nun geben Sie in einen Quadranten zum Beispiel Champignons, in einen geben Sie Schinken, einer wird vegetarisch mit Paprikastreifen und eine Ecke wird mit Salami bedeckt.

8. Über all diese feinen Sachen geben Sie den geriebenen Gouda. Alternativ können Sie die Pizza auch mit Mozzarella belegen. Die Pizza kommt nun nochmals für ca. 15 Minuten bei 180°C in den Ofen.

Steak mit Weißkrautsalat

Zubereitungszeit: 30 Minuten

Schwierigkeitsgrad: Einfach

Zutaten:
200 g Weißkraut, 1 Rumpsteaks, 1 Zwiebel, 1 Knoblauchzehe, 3 EL Apfelessig, 3 El Olivenöl, 1 Stück Ingwer, 2 EL Teriyaki Sauce, Zitrone, Salz, Pfeffer, Zucker, Rosmarin, Thymian

Zubereitung:
1. Weißkraut säubern und hobeln. In einer Schüssel mit Salz bestreuen und kräftig durchkneten bis das Kraut Wasser zieht. Zur Seite stellen. Zwiebel und Knoblauch schälen und fein würfeln.

2. Das Steak mit Salz und Pfeffer würzen und auf einem Teller ruhen lassen. Das Weißkraut nochmals durchkneten. Ist es zu salzig mit Wasser ausschwemmen. Abtropfen lassen und wieder in die Schüssel geben.

3. Den Ingwer schälen und fein hacken. In den Krautsalat gibt man nun den Ingwer, Zwiebeln, Knoblauch, Koriander und Teriyakisauce. Gut durchmischen und mit Pfeffer und wenn nötig Salz abschmecken.

4. Zugedeckt ziehen lassen.

5. In einer Pfanne Öl erhitzen und die Steaks nach Gusto braten.

Surimi Tarte

Zubereitungszeit: 30 Minuten

Schwierigkeitsgrad: Einfach

Zutaten:
100 g Butter, 200 g Mehl, 100 ml Milch, 100 g Sahne, 250 g Lauch, 20 g Ingwer, 3 Eier, 250 g Surimi, 200 g Erbsen, 2 EL Öl, Salz, Pfeffer, Chili

Zubereitung:
1. Für den Teig sieben Sie das Mehl in eine Schüssel und geben flöckchenweise die Butter hinzu. Mit kaltem Wasser die Konsistenz so bearbeiten, dass ein Tarte Teig entsteht. Den Teig im Kühlschrank ruhen lassen.

2. Den Lauch waschen, putzen und in Streifen schneiden. Den Ingwer schälen und reiben. Den Chili fein hacken. In einer Pfanne Öl erhitzen und den Lauch hineingeben.

3. Gut anschwitzen, aber nur für ca. 3 Minuten. Mit Ingwer, Chili, Salz und Pfeffer abschmecken. Eier in ein Gefäß schlagen und Milch und Sahne zufügen. Gut miteinander verquirlen.

4. Surimi in Stücken schneiden und unter den Lauch geben. Den Teig aus dem Kühlschrank holen und eine Tarteform einbuttern. Den Teig ausrollen und über den Rand einlegen. Alles gut andrücken.

5. Den Teig bei 200 C für 10 Minuten ausbacken. Die Eiermischung ins Lauch -Surimi Gemüse giessen und die Masse auf dem Tarteboden verteilen. Bei reduzierter Hitze von 175°C für 35 Minuten backen.

Lachsburger

Zubereitungszeit: 30 Minuten

Schwierigkeitsgrad: Einfach

Zutaten:
250 g Lachs, 20 g Ingwer, 1 Zwiebel, 1 Kartoffel, 150 g Erbsen, 3 EL ÖL, Zitrone, frischer Dill, Salz und Pfeffer

Zubereitung:
1. Tupfen Sie den Lachs mit Küchenpapier trocken und entfernen noch eventuell vorhandene Gräten mit der Pinzette. Dann hacken Sie den Lachs so fein wie möglich. Ingwer schälen und reiben. Die Kartoffel schälen und in Pommes schneiden.

2. In Küchenpapier die austretende Flüssigkeit aufnehmen. Die Zwiebel schälen und würfeln. In einer Pfanne erhitzen Sie nun das Öl und lassen die Zwiebel darin anschwitzen. Die Zitronenschale reiben.

3. In eine Schüssel den fein gehackten Lachs geben und mit dem Ingwer, Zitronenschale, Zwiebel und etwas Öl mit den Händen durchmischen. Mit Salz und Pfeffer abschmecken, gerne auch etwas Zitrone.

4. Mit den Händen Burger formen und diese in einer noch warmen Pfanne der Zwiebel ausbraten. Die Pommes in die Friteuse geben und frittieren. Die Erbsen in einem Topf mit heißem Wasser ca. 3 Minuten gar ziehen lassen. Nun kann man alles gemeinsam anrichten und mit Dill servieren.

Penne all arrabbiate

Zubereitungszeit: 30 Minuten

Schwierigkeitsgrad: Einfach

Zutaten:
2 Tomaten, 1 Zwiebel, 1 Knoblauchzehe, 1 Chili, 1 El Olivenöl,
50 g Penne, Salz und Pfeffer, Gartenkräuter

Zubereitung:
1. Die Tomaten waschen und den Strunk entfernen. Wer mag kann die Tomaten überbrühen und die Haut abziehen. Anschließend in Würfel schneiden. Die Zwiebel und den Knoblauch schälen und hacken. Die Chili nur hacken.

2. In einer Pfanne das Öl erhitzen und dann die Zwiebel mit dem Knoblauch hineingeben und gut anschwitzen. Mit den Tomatenwürfel ablöschen und alles mit Salz und Pfeffer abschmecken.

3. Anschließend für 10 bis 15 Minuten leicht köcheln lassen bis eine Sauce entsteht. Die Chili hinzugeben. In der Zwischenzeit die Penne in einem Topf mit kochendem Wasser al dente kochen und dann abtropfen lassen.

4. Nun die Penne in die Pfannen zu den Tomaten geben und für 2 Minuten mitziehen lassen. Auf einem Teller anrichten und mit Gartenkräutern garnieren.

Brokkuli Hummus

Zubereitungszeit: 20 Minuten

Schwierigkeitsgrad: Einfach

Zutaten:
1 Dose Kichererbsen, 100 g Brokkoli, 15 g Pinienkerne, 1 TL Tahini, 1 Knoblauch, ½ Chili, 1 EL Limettensaft, 1 EL Olivenöl, Salz, Muskat, Wasser

Zubereitung:
1. Den Brokkoli waschen und putzen. In Röschen schneiden und in gesalzenem Wasser gar kochen. Anschließend in eine Schüssel mit Eiswasser geben.

2. Die Pinienkerne entweder geröstet kaufen oder in einer Pfanne ohne Fett selbst anrösten. Die Kichererbsen abtropfen lassen und dann den Brokkoli und die Kichererbsen in einen Standmixer geben.

3. Den Knoblauch schälen und hacken - die Chili nur hacken. Dies folgt nun auch in den Standmixer mit der Hälfte der Pinienkerne. Die Limette ausdrücken und hinzugeben, genauso wie Olivenöl und Tahini.

4. Alles auf höchster Stufe gut durchrühren. Mit Muskat und Salz nach belieben abschmecken.

Kürbis trifft Quinoa

Zubereitungszeit: 20 Minuten

Schwierigkeitsgrad: Einfach

Zutaten:
50 g Quinoa, 150 g Hokkaido Kürbisfleisch, 1 Zwiebel, 50 g Rucola, 1 EL Olivenöl, Pfeffer, Salz, Salz einer halben Zitrone

Zubereitung:
1. Den Quinoa waschen und dann in einem Topf mit Salzwasser für 10 Minuten kochen. Das Fruchtfleisch aus dem Kürbis lösen, entkernen und Stücke schneiden. Die Zwiebel schälen und in Scheiben schneiden.

2. In einer Pfanne das Öl erhitzen und die Kürbisstücke darin anbraten. Die Zwiebelringe dazugeben und mit anbraten. Mit dem Zitronensaft ablöschen und den Quinoa dazugeben. Die Temperatur in der Pfanne reduzieren.

3. Mit Salz und Pfeffer abschmecken. Den Rucola waschen und abtropfen lassen. Das Pfannengericht auf einen Teller geben und erst jetzt den Rucola unterheben.

Ossobuco

Zubereitungszeit: 120 Minuten

Schwierigkeitsgrad: Einfach

Zutaten:
1 Zwiebel, 1 Möhre, 1 Stange Sellerie, 2 EL Mandelmehl, 1 TL Paprikapulver, 300 g Kalbfleisch, 1 El Olivenöl, Salz, Pfeffer, sehr trockener Weißwein, 300 ml Kalbsfond, 1 Knoblauch, Paprikaschote, Petersilie

Zubereitung:
1. Das Gemüse waschen und trocknen. Die Zwiebel und Knoblauch schälen. Anschließend hacken. Das Gemüse würfeln, nicht zu klein.

2. In einem Bräter Öl erhitzen. Das Kalbfleisch in dem Mandelmehl wenden und rundherum anbraten. Mit Salz und Pfeffer würzen. Das Fleisch herausnehmen und zur Seite stellen.

3. Im selben Bräter nun das Gemüse anschwitzen. Ca. für 5 Minuten, es sollte nicht bräunen. Dann mit dem Weißwein und etwas Wasser ablöschen und den Kalbsfond zugeben.

4. Das Fleisch kommt nun wieder in den Bräter zum Gemüse und köchelt mit Deckel für weitere 1 bis 1 ½ Stunden auf kleinster Hitze. Ab und zu wenden, ob noch genügend Flüssigkeit vorhanden ist.

5. Das Fleisch muss butterzart werden. Beim Anrichten mit Gartenkräutern garnieren.

Gemüseschnitzel mit Mandelmantel

Zubereitungszeit: 30 Minuten

Schwierigkeitsgrad: Einfach

Zutaten:
100 g Knollensellerie, 1 Kohlrabi, 1Ei, 2 Scheiben Räucherlachs, 150 g Magerquark, 40 g Mandelblättchen, 2 EL Vollkornmehl, 2 EL Milch, 2 El Rapsöl, Salz, Pfeffer, Paprikapulver, Petersilie, Muskat, Schnittlauch

Zubereitung:
1. Waschen und putzen Sie den Sellerie und den Kohlrabi und schneiden Sie alles in Scheiben. Dann in einem Topf andünsten. Verquirlen Sie die Eier und würzen Sie mit Salz, Muskat und Pfeffer. Die gedünsteten Gemüsescheiben nun dünn mit Mehl bestäuben und durch die verquirlen Eier ziehen. Diese dann in den Mandelblättchen wälzen.

2. In einer erhitzten Pfanne die Gemüseschnitzel ausbraten.

3. Zwischenzeitlich die Milch mit dem Quark verrühren und mit Paprikapulver, Pfeffer und Salz abschmecken. Mit Schnittlauch vermengen. Die Gemüseschnitzel, Lachsscheiben und den Kräuterquark anrichten.

Soja-Kokosnuss- Geschnetzeltes

Zubereitungszeit: 20 Minuten

Schwierigkeitsgrad: Einfach

Zutaten:
50 g Sojageschnetzeltes, 100 ml Gemüsebrühe, 1 Zwiebel,
100 ml Kokosmilch, 1 kleine Dose ungesüßte Pfirsiche, 1 EL Rapsöl,
1EL Currypulver, 1 TL Kokosöl, Salz und Pfeffer

Zubereitung:
1. Erhitzen Sie die Gemüsebrühe und geben dann das Sojageschnetzelte hinein. Lassen Sie das Geschnetzelte dann 20 Minuten quellen.

2. Die Zwiebel hacken und in einer erhitzten Pfanne andünsten. Mit reichlich Currypulver bestreuen und die Pfirsiche dazugeben und kurz mit andünsten.

3. Das gequollenen Geschnetzelte nachdem es abgetropft ist in einer Pfanne mit Kokosöl anbraten und auch mit Curry würzen. Mit der Kokosmilch auffüllen. Die Zwiebeln mit den Pfirsichen nun untermengen und mit Salz und Pfeffer würzen.

Gegrilltes Lachsfilet mit grünen Bohnen

Zubereitungszeit: 20 Minuten

Schwierigkeitsgrad: Einfach

Zutaten:
200 g frisches Wildlachsfilet, 250 g frische Bohnen, 1 El Butter, 1 Zitrone, 1 Knoblauchzehe, 2 El Olivenöl, Salz, Pfeffer, Thymian, Rosmarin

Zubereitung:
1. Die Bohnen waschen und putzen und in einem Topf gar kochen.

2. Das Lachsfilet zum Grillen vorbereiten und dann grillen.

3. Die Bohnen abtropfen lassen und in einer Pfanne mit dem gehackten Knoblauch in Olivenöl anschwitzen. Mit Salz und Pfeffer abschmecken.

Nachtisch

Schoko Erdbeeren

Zubereitungszeit: 20 Minuten

Schwierigkeitsgrad: Einfach

Zutaten:
120 g Zartbitterschokolade, 12 Erdbeeren, 2 TL Kokos Öl

Zubereitung:
1. Die Schokolade mit dem Kokosöl in einem Wasserbad zusammenschmelzen lassen. Tunken Sie die Erdbeeren hinein, legen Sie sie auf ein Backofengitter und lassen Sie die Schokolade abkühlen.

Heidelbeereis

Zubereitungszeit: 15 Minuten

Schwierigkeitsgrad: Einfach

Zutaten:
300 g Heidelbeeren, 300 g Frischkäse, 60 ml flüssiges Kokosnussöl, 40 g gepuderten Erythrit, 1 TL Vanille, 15 Tropfen Stevia, ein paar frische Minzblättchen zum Dekorieren

Zubereitung:
1. Waschen und putzen die Heidelbeeren. Dann frieren Sie sie über Nacht ein. Am nächsten Tag geben Sie die gefroren Heidelbeeren in einen Standmixer.

2. Nun kommt der Frischkäse, der Stevia, die Vanille und das Öl hinzu. Sieben Sie das gepuderte Erythrit über alles.

3. Mixen Sie alles so lange bis eine cremige Masse entstanden ist. Frieren Sie das Eis wieder ein.

4. Zum Servieren können Sie dann Minzblätter und ein paar frische Heidelbeeren verwenden.

Käsekuchen

Zubereitungszeit: 120 Minuten

Schwierigkeitsgrad: Einfach

Zutaten Teig:
60 g gemahlene Mandeln, 60 g Kokosmehl, 30 g geraspelte Kokosnuss, 60 g Butter

Zutaten Füllung:
230 g Frischkäse, 450 g saure Sahne, 3 EL Erythrit, 2 TL Vanilleextrakt, 3 Eier, Zimt

Zubereitung:
1. Vermengen Sie in einer Schüssel den Frischkäse, die saure Sahne, die Vanille und den Erythrit. Nehmen Sie nun ein Handmixgerät zur Hilfe. Nach und nach kommen die Eier zu der Masse während Sie mixen.

2. Geben Sie nun den Teig in eine Springform. Wenn Sie sichergehen möchten, dass Ihnen der Teig nicht ausläuft, legen Sie die Form mit Backpapier aus.

3. Backen Sie den Käsekuchen bei ca. 150°C für nicht mehr als 1 Stunde. Sie können feststellen, ob der Käsekuchen fertig ist, wenn er in der Mitte nur noch ganz wenig wackelt.

4. Nach der Stunde Backzeit stellen Sie die Temperatur auf null - lassen aber den Käsekuchen im warmen Backofen stehen. Das kann noch eine Stunde dauern. Dann geht der Käsekuchen in den Kühlschrank - am besten über Nacht. Der Käsekuchen kann garniert werden mit Beeren oder gesiebtem Zimt.

Nusschnecken ohne Reue

Zubereitungszeit: 35 Minuten

Schwierigkeitsgrad: Einfach

Zutaten:
500 g Dinkelmehl, 80 g Erythrit, ½ TL Salz, 1 Ei, 70 g Butter, 250 ml laktosefreie Milch, ½ Würfel Hefe, 100 g gemahlene Haselnüsse, 40 g Kokosöl, 1 TL Zimt

Zubereitung:
1. Das Mehl in eine Schüssel sieben und das Ei hineinschlagen. Die fast flüssige Butter hinzugeben. In einer Tasse die Hefe mit ca. 30 g Erythrit und der warmen Milch verrühren.

2. Diese Masse nun in die Schüssel geben und einen Teig herstellen. Gut mit den Händen durchkneten bis er nicht mehr klebrig ist. Das es ein Hefeteig ist, muss der Teig dann für ca. 1 Stunde zugedeckt aufgehen.

3. In der Zwischenzeit wird das Kokosöl erhitzt und ca. 30 g Erythrit mit dem Zimtpulver hinzugeben und verrühren. Der Teig ist nun genug aufgegangen und wird auf einer bemehlten Arbeitsplatte ausgerollt.

4. Die Haselnussmasse wird komplett darauf verteilt und glatt gestrichen. Nun mit Hilfe eines Küchenhandtuchs den Teig aufrollen. In ca. 1 Zentimeter dicke, gleichmäßige Scheiben schneiden.

5. Ein Backblech mit Backpapier auslegen und die Nussschnecken mit genügend Abstand zueinander darauf platzieren. Nur noch die Nussschnecken mit Milch bestreichen und bei 160°C für ca. 15 Minuten backen bis sie goldgelb sind.

Kürbiskuchen

Zubereitungszeit: 60 Minuten

Schwierigkeitsgrad: Einfach

Zutaten:
100 g Dinkelmehl, 100 g Haferflocken, 70 g gemahlene Haselnüsse, 200g Kürbisfleisch, 200 ml zuckerfreie Hafermilch, 2 EL Mandelmus, 20 g Kokosraspeln, 120 g Erythrit, 1 TL Backpulver, 1 Prise Zimt, Saft und Abrieb einer Bio Zitrone

Zubereitung:
1. Die Haferflocken in einer Küchenmaschine zu Mehl verarbeiten. Das Dinkel- und Hafermehl mit den Nüssen, Kokosraspeln, Backpulver, Erythrit und Zimt in eine Schüssel geben.

2. Das Kürbisfleisch entkernen und anschließend reiben. Anschließend mit dem Erythrit, Hafermilch, Mandelmus und Zitronenabrieb und Saft vermischen. Nun alles zusammenfügen und gut miteinander verrühren.

3. Eine Kapselform mit Backpapier auslegen bis oben hin und den Teig einfüllen. Bei ca. 180 C für ca. 40 Minuten backen. Mit zuckerfreier Kuvertüre verzieren.

Quarkstrudel

Zubereitungszeit: 40 Minuten

Schwierigkeitsgrad: Einfach

Zutaten:
200 g Quark, 200 g Äpfel, 10 g Butter, 4 Blätter zuckerfreier Blätterteig, 4 EL laktosefreie Milch, 4EL Semmelbrösel, 2 EL Grieß, Flüssiger Stevia

Zubereitung:
1. Die Äpfel schälen und in Scheiben schneiden. In einer Schüssel Quark, Grieß, Butter und das aufgeschlagene Ei verrühren und mit Stevia süßen. Die Apfelspalten unterheben. Auf einem sauberen Geschirrtuch die Strudelblätter einzeln verteilen. Diese werden nun mit Milch bestreichen und dann mit Semmelbrösel gleichmäßig bestreut.

2. Die Apfel - Quark - Masse so auf dem Blätterteig verteilen, dass ein Rand ringsum leer bleibt. Mit Hilfe eines Geschirrtuches den Strudel aufrollen und die Seiten des Teiges einschlagen und etwas andrücken, damit der Inhalt nicht ausläuft.

3. Die 4 Strudelpäckchen auf ein mit Backpapier ausgelegtes Blech setzen und mit Milch bestreichen. Bei 180 C für ca. 25 Minuten backen. Hierzu schmeckt zuckerfreie Sahne oder zuckerfreies Eis.

Pflaumencrumble

Zubereitungszeit: 40 Minuten

Schwierigkeitsgrad: Einfach

Zutaten:
100 g griechischer Joghurt, 50 g Erythrit, 1 Ei, 5 Pflaumen,
40 g Haferflocken, 1 EL zuckerfreie Erdnussbutter, 3 EL Wasser, 1 Prise Zimt

Zubereitung:
1. Den griechischen Joghurt geben Sie in eine Schüssel. Ein Ei aufschlagen und zum Joghurt geben und miteinander verquirlen. Die Pflaumen waschen, trocknen und entsteinen. In Stücke gleichmäßige schneiden und zum Teig geben.

2. Eine Auflaufform buttern und den Teig einfüllen. Die Haferflocken in eine Schüssel geben und 10 g Erythrit, Wasser, Zimt und ein Esslöffel Erdnussbutter miteinander verrühren.

3. Diese Crumble Masse soll krümelig sein und wird über den ganzen Teig verteilt. Der Crumble wird bei 180 C für ca. 20 Minuten gebacken.

Zucchinimuffins

Zubereitungszeit: 40 Minuten

Schwierigkeitsgrad: Einfach

Zutaten:
400 g Zucchini, 120 zuckerfreies Apfelmus, 400 g Mehl, 5 Eiweiße, 125 g gemahlene Mandeln, 1 TL Backpulver, 100 g Erythrit

Zubereitung:
1. Die Zucchini waschen und trocknen. Anschließend raspeln. Legen Sie es dann auf Küchenpapier und quetschen es etwas, damit das Wasser austritt und weniger wird. Zucchiniraspeln in eine Schüssel geben und mit dem Apfelmus vermengen.

2. Das Eiweiß in einem hohen Gefäß steif schlagen und mit der Hälfte des Erythrit mischen. Weiterschlagen. Den restlichen Erythrit dazugeben. Das Mehl und Backpulver in eine Schüssel sieben und die Mandeln dazugeben.

3. Die Zucchinimasse unter das Eiweiß heben. Nun kommt das Mehlgemisch dazu. Alles solange verrühren bis eine eher zähe Muffinmasse entsteht. Auf ein Backblech die Muffinförmchen geben und mit der Masse gleichmäßig befüllen.

4. Bei 180°C für ca. 25 Minuten backen.

Brownie trifft Süßkartoffel

Zubereitungszeit: 45 Minuten

Schwierigkeitsgrad: Einfach

Zutaten:
300 g Süßkartoffel, 60 g Kokosöl, 2 EL Kokosmehl, 6 EL Erythrit, 5 EL Kakaopulver, 1 TL Backpulver, 2 Eier, Vanille

Zubereitung:
1. Schälen Sie die Süßkartoffel und raspelln Sie sie in eine Schüssel. Nun folgen Erythrit, Kokosöl, Vanille und schlagen Sie die Eier dazu. Alles gut miteinander verrühren. Den Kakao dazugeben sowie das Kokosmehl und das Backpulver.

2. Alles so lange verrühren bis ein relativ zäher Teig entstanden ist. Eine rechteckige Backform mit Backpapier auslegen und den Teig einfüllen. Alles glattstreichen und bei 180°C für 30 Minuten backen.

3. Nach dem Abkühlen in kleine Quadrate schneiden, eventuell mit gepudertem Erythrit bestreuen oder eine zuckerfreie Schokoladen Kuvertüre darüber schütten.

Schoko Dessert

Zubereitungszeit: 20 Minuten

Schwierigkeitsgrad: Einfach

Zutaten:
100 g Frischkäse, ½ Avocado, 15 g Kakaopulver ungesüßt, 20 g Erythrit, 25 ml Sahne, etwas Vanille

Zubereitung:
1. Schälen und entkernen Sie die Avocado. Füllen Sie dann nacheinander die Avocado, den Frischkäse, die Sahne, das Kakaopulver, den Erythrit und die Vanille in einen Standmixer.

2. Mixen Sie alles bis eine schöne glatte Creme entstanden ist. Schlagen Sie dann seperat die Sahne in einem hohen Gefäß steif. Heben Sie die steife Sahne unter die Kakaomasse und vermengen es vorsichtig.

3. Schön mit einem Minzblatt dekorieren oder ein paar Heidelbeeren oben darauf geben.

Bananeneis

Zubereitungszeit: 10 Minuten

Schwierigkeitsgrad: Einfach

Zutaten:
6 überreife Bananen, ein paar Datteln, 1 TL Zimt

Zubereitung:
1. Die geschälten Bananen in kleine Stücke schneiden und dann einfrieren. Am nächsten Tag in einen Standmixer geben und das Zimtpulver darüber streuen und die entsteinten Datteln dazugeben.

2. So lange mixen bis eine cremige Masse entstanden ist.

Erdbeerquark mit Mandeln

Zubereitungszeit: 10 Minuten

Schwierigkeitsgrad: Einfach

Zutaten:
125 g Quark, 75 g Joghurt, ½ Orange, 100 g Erdbeeren, 10 g Mandeln, ½ Vanilleschote, 2 El Agavendicksaft

Zubereitung:
1. Verrühren Sie den Quark mit dem Joghurt und geben Sie das Mark der Vanilleschote hinzu. Mit dem Agavendicksaft süßen.

2. Waschen und putzen Sie die Erdbeeren und pressen Sie die Orange aus. Die geviertelten Erdbeeren in den Orangensaft geben.

3. Hacken Sie die Mandeln und rösten Sie sie leicht in einer Pfanne an. Geben Sie zuerst den Quark auf einen Teller, dann die Erdbeeren mit den Mandeln und dann wieder Quark.

Panne cotta auf Himbeerspiegel

Zubereitungszeit: 25 Minuten

Schwierigkeitsgrad: Einfach

Zutaten:
100 g Sahne, 250 g Himbeeren, 100 g Joghurt, 1 TL Agar-Agar, 30 ml Agavendicksaft, 1 TL Kurkumapaste, 1 Vanilleschote, Pfeffer

Zubereitung:
1. Geben Sie die Hälfte der Sahne in einen Topf und das ausgekratzte Mark der Vanilleschote hinzu. Nun folgen Kurkuma, Pfeffer und der Agavendicksaft. Lassen Sie die Masse leicht köcheln.

2. Geben Sie das Agar-Agar in die andere Hälfte der Sahne und dann zu der Mischung im Topf. Noch etwas köcheln lassen. Abkühlen lassen und dann mit dem Joghurt vermengen.

3. In Puddingförmchen füllen und in den Kühlschrank stellen. Die Himbeeren waschen und die Hälfte zur Seite tun. Die andere Hälfte mit dem restlichen Agavendicksaft pürieren, eventuell durch ein Sieb passieren.

4. Die Panna-Cotta stürzen, auf einem Himbeerspiegel anrichten und mit den Himbeeren garnieren.

Tiramisu

Zubereitungszeit: 25 Minuten

Schwierigkeitsgrad: Einfach

Zutaten:
1 Ei, 1 EL Agavendicksaft, 140 g Mascarpone, 1 Zitrone, 40 ml kalter Kaffee oder Espresso, 40 Löffelbuiskuits, ¼ EL Kakaopulver

Zubereitung:
1. Mit dem Schneebesen das Eigelb und den Zucker schaumig rühren. Dann heben Sie die Mascarpone unter und geben den Abrieb der Zitrone hinzu.

2. Die Löffelbiskuits in den Kaffee tauchen und dicht an dicht in eine eckige Form legen. Darauf kommt die Mascarpone. Die restlichen Biskutis auch in Kaffee tränken und auf die Mascarpone legen.

3. Wieder Mascarpone darauf und dann mit dem Kakaopulver bestäuben. Im Kühlschrank mehrere Stunden kühlen.

Tartuffo

Zubereitungszeit: 25 Minuten

Schwierigkeitsgrad: Einfach

Zutaten:

3 Eier, 200 g Erytrith, 100 g Mehl, 1 TL Backpulver, 4 Blatt Gelantine, 1 Mango, 250 g Ricotta Käse, 100 ml Batida de Coco, 100 g Schlagsahne, 100 g Aprikosen- Konfitüre, 50 g Kokosraspel, Zucker, Salz, Backpapier

Zubereitung:

1. Trennen Sie die Eier und schlagen das Eiweiß steif. Rühren Sie vorsichtig die Eigelbe ein. Das Mehl mit dem Backpulver über die Eiermasse geben und vermengen.

2. Die Masse auf ein mit Backpapier ausgelegtem Backblech verstreichen und bei 200 C 10 Minuten backen. Auf ein Geschirrtuch stürzen und das Backpapier abziehen.

3. Für die Creme die Mango schälen, Stein entfernen und Fruchtfleisch in Würfel schneiden und dann pürieren. Die Gelatineblätter in kaltes Wasser legen. Verrühren Sie nun den Ricotta, Zitronensaft, 125 g Erytrith und Salz.

4. Die Gelatine auflösen und mit der Creme verrühren - dann die Mango unterheben. Kalt stellen. Mit Hilfe von einer Tasse aus dem Biskuit Platten herstellen.

5. Die Teller oder Tassen mit dem Biskuit auslegen und die steif geschlagene Sahne unter die restliche Creme geben. Die Creme auf den Biskuit geben und mit Biskuit bedecken. Wieder in den Kühlschrank.

Snacks - gesund und nahrhaft

(auch mal erlaubt)

Kekse

Zubereitungszeit: 1 Stunde

Schwierigkeitsgrad: mittel

Zutaten:
250 g Dinkelmehl, 100 g Dinkelvollkornmehl, 200 g Mandelmehl, 175 g Erythrit, 250 g Butter, 2 Eier, 20 g gemahlener Zimt, 20 g gemahlener Muskat, Salz

Zubereitung:
1. Sieben Sie das Mehl in eine Schüssel und schlagen Sie die Eier dazu. Streuen Sie sowohl den Zucker als auch das Salz darüber. Gefolgt vom Zimt und Muskat. .

2. Die Butter sollte Raumtemperatur haben, so dass Sie sie mit den Fingern in Stückchen zerpflücken können und über das Mehl verteilen können. Dann alles zu einen Mürbeteig kneten. Diesen dann im Kühlschrank ruhen lassen.

3. Ein Backblech mit Backpapier auskleiden und aus dem Teig mit der Hand zuerst Kugeln formen und diese auf das Backpapier setzen. Dann mit der Hand die Kugeln platt drücken bis sie eine runde Keksform haben.

4. Die Kekse werden bei 180°C für 15 Minuten im Umluftherd gebacken.

Praline ohne Reue

Zubereitungszeit: 25 Minuten

Schwierigkeitsgrad: Mittel

Zutaten:
160 g Cashews, 160 g geriebene Mandeln, 160 g getrocknete Aprikosen, 1 Bio Orange, Zimt, Salz, Mandelmilch

Zubereitung:
1. Waschen Sie die Orange und stellen dann einen Abrieb her. Anschließend die Orange auspressen.

2. Die Cashews in einen Standmixer geben und den Abrieb dazugeben. Gut mixen bis Mehl entstanden ist, welches sehr fein ist. Alles in eine Schüssel geben und die Gewürze hineingeben.

3. Mit den Händen kneten. Sollte es nicht feucht genug sein, mit Mandelmilch auffüllen. Weiter kneten bis man kleine Bällchen formen kann, welche auch zusammenhalten. Dann in Mandelmasse wälzen.

Bananenbrot

Zubereitungszeit: 1 Stunde

Schwierigkeitsgrad: Einfach

Zutaten:
300 g Bananen, 200 g Dinkelmehl, 50 g Magerquark, 2 Eier, 1 Päckchen Backpulver, 1 TL Zimt

Zubereitung:
1. Schälen Sie die Bananen und pürieren Sie sie in einem Mixer.

2. Das Mehl in eine Schüssel sieben und die Eier hineinschlagen. Das Zimtpulver darüberstiegen und den Quark unterheben. Alles gut vermischen. Eventuell mit einem Handrührgerät.

3. Eine Kastenform mit Backpapier auslegen und ie Masse einfüllen. In Umluft bei 180° C für ca. 30 Minuten backen. Der Kuchen kann oben schnell dunkel werden. Dann mit Alufolie schützen.

Leckere Energie pur

Zubereitungszeit: 35 Minuten

Schwierigkeitsgrad: Mittel

Zutaten:
250 g Haferflocken, 90 g mandeln, 125 g Honig, 70 g Butter, Heidelbeeren oder Preiselbeeren getrocknet, Salz

Zubereitung:
1. Hacken Sie die Mandeln. Dann ein Backblech mit Backpapier auslegen und die Haferflocken und die Mandel darauf verstreuen und für ca. 5 Minuten bei 155 C Umluft rösten.

2. Danach in eine Glasschüssel geben. In der Zwischenzeit eine eine Topf die Butter mit dem Honig und dem Salz erwärmend nicht zu heiß zu den Haferflocken in die Schüssel gießen. Gut durchmischen.

3. Die Heidelbeeren unterheben und weiterkneten. Eine Auflaufform mit Backpapier auslegend en Teig darauf streichen - er kann gerne 1 cm dick sein. Gut andrücken. In den Kühlschrank für ca. 4 Stunden. Dann in rechteckige Riegel schneiden.

Rund und gesund

Zubereitungszeit: 35 Minuten

Schwierigkeitsgrad: Einfach

Zutaten:
300 g Brokkoli, 60 g Parmesan, 70 g Mandeln, 1 Ei, Knoblauch, Olivenöl, Salz und Pfeffer

Zubereitung:
1. Waschen und putzen Sie den Brokkoli. Dann in kleinen Stücken in einen Mixer geben. Das Ei zum Brokkoli hinzugeben und auch die Mandeln.

2. Schälen Sie den Knoblauch und hacken Sie ihn. Reiben Sie den Parmesan und geben es auch in den Mixer. Mit Salz und Pfeffer abschmecken. Gut mixen.

3. Erhitzen Sie etwas Öl in einer Pfanne und formen aus der Brokkolimasse Kugeln die Sie dann ringsum goldgelb anbraten.

Cornish Pasty

Zubereitungszeit: 1 Stunde

Schwierigkeitsgrad: Mittel

Zutaten:
500 g Mehl, 2 Kartoffeln, 1 Möhre, 1 Zwiebel, 1 Knoblauch, 135 g Butter, 135 g Butterschmalz, Salz, Pfeffer, 1 EL öl, Petersilie

Zubereitung:
1. Sieben Sie das Mehl in eine Schüssel und geben Sie das Salz hinzu. Das Butterschmalz und die Butter so kalt wie möglich in kleinen Stückchen dazugeben und knetendes eine homogen Masse entsteht. er Teig muss sehr glatt und zäh sein. Sie können kaltes Wasser hinzugeben um dies zu erreichen.

2. Dann kompakt zusammen pressend in rechteckige Quader schneidend finden Kühlschrank stellen.

3. In der Zwischenzeit die Kartoffeln, Zwiebel und Knoblauch schälen und würfeln. Die Möhre und Petersilie waschen und putzen und auch kleinschneiden.

4. Die Pastry ist nun mal genug und Sie können sie auf einer bemehlten Arbeitsfläche ausrollen. Mit Hilfe einer Untertasse schneiden Sie Halbmonde aus und bestreichen sie mit Eigelb. Das Gemüse auf die 6 Halbmonde gleichmäßig verteilen, dann so den Teig umschlagen, dass man den Rand mit einer Gabel zusammendrücken kann.

5. Mit Eigelb bestreichen und auf einem mit Backpapier ausgelegten Beck zuerst für 10 Minuten bei 20 C Umluft backen, dann die Hitze auf 160 C reduzieren und nochmals für 40 Minuten backen.

Herzhafte Törtchen

Zubereitungszeit: 15 Minuten

Schwierigkeitsgrad: Einfach

Zutaten:
300 g Dinkelmehl, 150 g Butter, 1 Ei, 1 EL Weißwein, 650 g Cherrytomaten, 200 g Ziegenfrischkäse, 100 g Schwand, 2 Eier, 2 Knoblauchzehen, 3 EL Semmelbrösel, 3 EL Erythrit, Salz, Pfeffer

Zubereitung:
1. Sieben Sie das Dinkelmehl in eine Schüssel und schlagen Sie das Ei hinein. Die zimmerwarme Butter zerdrücken Sie mit der Hand in kleine Stücke und verteil sie gleichmäßig auf dem Mehl. Den Weißwein hinzugeben und Salz.

2. Stellen Sie nun einen Mürbeteig her. Lassen Sie ihn im Kühlschrank ruhen.

3. In der Zwischenzeit die Cherrytomaten waschen und halbieren. 12 kleine Törtchenformen ausbuttern und den Teig aus dem Kühlschrank nehmen und ausrollen. Alle Fröschen bekommen nun den ausgerollten Teig bis zum Rand angedrückt.

4. Auf alle Teigböden Semmelbrösel streuen und dann kommt der mit der Gabel zerdrückte Ziegenfrischkäse in jedes Fröschen. Auf diese nun die halbierten Tomaten verteilen und mit Salz und Pfeffer würzen. Die Törtchen bei 200 C in Umluft für 15 Minuten backen.

Ingwerwaffeln

Zubereitungszeit: 20 Minuten

Schwierigkeitsgrad: leicht

Zutaten:
2 Eier, 40 g Erythrit, 100 g Mehl, 250 ml Milch, 100 g Möhren, 1 Stück Ingwer, Salz und Öl

Zubereitung:
1. Schälen und reiben Sie den Ingwer. Dann waschen Sie die Karotten und raspeln sie.

2. Sieben Sie das Mehl in eine Schüssel und schlagen Sie die Eier hinein. Mit der Milch aufgießen und dem Schneebesen glatt rühren.

3. Den Zucker langsam hineingeben unter ständigem Rühren. Nun geben Sie den Ingwer und die Möhren hinein und rühren bis eine homogene dickere Masse entstanden ist. Das Waffeleisen von beiden Seiten mit Öl bestreichen Undine Waffeln ausbacken.

Englischer Kuchen

Zubereitungszeit: 35 Minuten

Schwierigkeitsgrad: Einfach

Zutaten:
200 g Mehl, 100 g Zucker, 1 Ei, 1 El Ingwerpulver, 1 TL natron, 200 ml Milch, 50 g Butter, 100 g Sirup

Zubereitung:
1. Sieben Sie das Mehl in eine Schüssel und geben Sie den Zucker, Natron und Ingwer hinzu. In einem Topf die Butter mit dem Sirup schmelzen lassen. Das Ei in ein höheres Gefäß schlagen und mit der Milch verquirlen.

2. Die Sirupbutter kommt nun zum Mehl, gefolgt von der Eiermilch. Alles zu einem Rührteig verarbeiten.

3. Eine Kastenform mit Backpapier auslegen und den Teig einfüllen. Der Kuchen backt bei 180°C für 50 Minuten bei Umluft.

Kurkumaschokolade

Zubereitungszeit: 15 Minuten

Schwierigkeitsgrad: leicht

Zutaten:
400 ml Milch, 80 g Zartbitterschokolade, 2 TL Kurkumapaste, 1 EL Kokosöl, 1/4 TL gemahlene Vanille, 3 EL Honig, 50 g Sahne, Pfeffer

Zubereitung:
1. Erhitzen Sie die Milch in einem Topf, lassen Sie sie aber nicht kochen. In die Milch geben Sie dann die zerstückelte Schokolade und lassen sie unter ständigem Rühren schmelzen.

2. Geben Sie zu der Milch nun die Kurkumapaste und das Kokosöl. Mit dem Schneebesen verrühren. Nun folgen Honig, Vanille und etwas Pfeffer.

3. in einem hohen Gefäß die Sahen steifschlagen. Die heiße Kurkumaschokolade ist nun bereit in ein Glas gefüllt zu werden und dann mit einem Klacks Sahne zu versehen.

Grießkuchen

Zubereitungszeit: 40 Minuten

Schwierigkeitsgrad: Mittel

Zutaten:
400 g Hartweizengrieß, 350 g Mehl, 360 g Erythrit, 450 ml Milch, 250 ml Öl, 1 Päckchen Backpulver, 2 El Kurkumapulver, 1 El Tahini

Zubereitung:
1. Sieben Sie das Mehl mit dem Backpulver und dem Kurkumapulver in eine Schüssel. Geben Sie den Zucker und den Grieß hinein. Mit der Milch und dem Öl aufgießen undue einem Rührteig verarbeiten.

2. Nun kommt die Tahini hinein. Ein Backblech mit Butter bestreichen. Den Teig darauf verteilen und glattreiche.

3. Der Kuchen backt bei 180°C für ca. 30 Minuten bei Umluft.

Haftungsausschluss

Die Umsetzung aller enthaltenen Informationen, Anleitungen und Strategien dieses Buches erfolgt auf eigenes Risiko. Für etwaige Schäden jeglicher Art kann der Autor aus keinem Rechtsgrund eine Haftung übernehmen. Für Schäden materieller oder ideeller Art, die durch die Nutzung oder Nichtnutzung der Informationen bzw. durch die Nutzung fehlerhafter und/oder unvollständiger Informationen verursacht wurden, sind Haftungsansprüche gegen den Autor grundsätzlich ausgeschlossen. Ausgeschlossen sind daher auch jegliche Rechts- und Schadenersatzansprüche. Dieses Werk wude mit größter Sorgfalt nach bestem Wissen und Gewissen erarbeitet und niedergeschrieben. Für die Aktualität, Vollständigkeit und Qualität der Informationen übernimmt der Autor jedoch keinerlei Gewähr. Auch können Druckfehler und Falschinformationen nicht vollständig ausgeschlossen werden. Für fehlerhafte Angaben vom Autor kann keine juristische Verantwortung sowie Haftung in irgendeiner Form übernommen werden.

Urheberrecht

1. Auflage

Kontakt: JT-Handels-UG/ Berumer Str. 44/ 26844 Jemgum